LE FIGARO littéraire

Ces mots perdus au fond de nos dictionnaires

Jean-Loup Chiflet

& Mots Caetera

Le Figaro - 14, boulevard Haussmann, 75009 Paris.
Directeur général, Directeur de la publication : Marc Feuillée.
Directeur des rédactions : Alexis Brézet.
Directeur délégué des rédactions : Paul-Henri du Limbert.
Editrice : Sofia Bengana. **Editeur adjoint** : Robert Mergui.
Chef de projet en charge de la coordination éditoriale : Nathalie Hervo.
Edition/Révision : Sylvie Marcovitch. **Auteur** : Jean-Loup Chiflet
avec la participation de Marie Deveaux.
Responsable pré-presse : Alain Penet. **Responsable technique pré-presse** :
Corinne Videau. **Maquette** : Wanda Motzig et Jean-Marie Coudray.
Direction de la diffusion : Philippe Grinberg. **Directeur des ventes** : Laurent Nocca.
Chargée de communication et partenariats : Audrey Moreau San Galli.
ISBN : 9-782810-508273. Achevé d'impression en mars 2018
sur les presses d'ARTI GRAFICHE S.p.A. en Italie.

Avant-propos

Ce n'est pas à vous, fidèles lecteurs, que je vais apprendre que les mots sont vivants et que de ce fait même, ils naissent, grandissent, meurent, et que parfois, c'est moins courant... ils ressuscitent !
Je veux parler des mots en sursis. En sursis ? Oui, ces mots que l'on peut encore trouver dans le dictionnaire, mais que l'on entend de moins en moins. Notre perpétuelle fuite en avant et l'accélération de notre mode de vie mettent en péril les mots dépassant deux syllabes, qui se voient remplacés par des synonymes plus courts pour ne pas parler des apocopes (ciné) ou des aphérèses (bus) qui les amputent sans pitié d'une partie d'eux-mêmes. Je ne peux hélas pas faire grand-chose contre ces frappes chirurgicales, mais je voudrais en profiter pour réhabiliter les mots qui méritent vraiment qu'on les sauve de l'oubli.
Comme on les emploie moins, nos dictionnaires les qualifient curieusement de « *littéraires* » ou de « *rares* » accélérant ainsi leur disparition.
Voilà pourquoi j'ai voulu leur donner une seconde chance en sélectionnant ceux qui ont une jolie histoire, une belle sonorité, ceux que leurs soi-disant synonymes remplacent imparfaitement parce que moins précis ou moins évocateurs, et même ceux dont on ne sait parfois plus trop ce qu'ils veulent dire, mais qui peuvent réveiller chez certains d'entre nous une émouvante nostalgie.
Aidez-moi à conserver la richesse de notre vocabulaire en les réintégrant le plus souvent possible dans notre langage courant parce qu'ils le valent bien !
Ainsi, en améliorant votre « bien-dire » pour que notre langue reste « immarcescible », vous en serez tout « émerillonnés » !

Jean-Loup Chiflet

Ces mots perdus au fond de nos dictionnaires

accordailles . aigrefin .
algarade . amphitryo
arsouille . cautèle .
(courir le) cuistre . couvre-chef
délétère . difficultueux . éme
glabre . gourmé . jo
loquacité . nonpareil . ny
persifleur . picrocholin . pou
quinteux . recru . subreptice
aboulique . bas-bleu . caprica
chafouin . débagouler . écornifl
endêver . griveler . cou
épigramme . jocrisse .
italianiser . muser . d
fichtre ! jarnicoton ! m
palsambleu ! parbleu ! m
scrogneugneu . difficultueux .
cautèle . débagoule . couv
arsouille . chafoui
nonpareil . nycthéméral . fi

lacrité
. anecdotier
otillon
oi, coite
illonné
risse
héméral
oré . quiet
valétudinaire
.captieux
. discorder
re-chef
oquacité
ntre !
zette !
bleu !
ourmé
e-chef
.loquacité
htre!

accordailles . aigrefi
algarade . amphitryon . a
arsouille . cautèle . cotill
cuistre . couvre-chef .
jocrisse . loquacité . ac
aigrefin . alacrité . algarade .
anecdotier . arsouille
cotillon (courir le) . cuistre .
chef . épigramme . jocrisse
accordailles . aigrefi
algarade . amphitryon . a
arsouille . cautèle . cotil
cuistre . couvre-chef .
jocrisse . loquacité . accor
aigrefin . alacrité
amphitryon . anecdotier . a
cautèle . cotillon (courir le) .
couvre-chef . épigramm
loquacité . accordailles . a
alacrité . algarade . amphitryo

Chapitre 1

Les noms

Accordailles

Malgré l'évolution de notre société, le mot fiançailles survit, tandis qu'accordailles, son synonyme, est carrément tombé en désuétude. Vous allez peut-être me trouver sentimental, mais accordailles me parle davantage. J'entends tout de suite le mot accord qui me paraît important quand on se promet qu'on va se marier. A propos de mariage, on n'emploie plus beaucoup non plus le joli mot d'épousailles, si ce n'est sur un mode ironique, et c'est bien dommage.
Evidemment, tout le monde n'a pas en tête les paroles de *La Marche nuptiale* de Brassens :

« *C'est dans un char à bœufs, s'il faut parler bien franc,*
Tiré par les amis, poussé par les parents,
Que les vieux amoureux firent leurs épousailles
Après long temps d'amour, long temps de fiançailles. »

Aigrefin

Ce mot a une belle et très longue histoire. Vers 1340, esclevis est le nom d'un poisson (du néerlandais schelvisch) et devient eglefin en 1554 puis aiglefin en 1555. Vers 1670, le nom du poisson est indifféremment aiglefin ou aigrefin et prend un sens figuré et péjoratif. On s'en sert pour désigner un soldat qui triche au jeu. En 1740, allez savoir pourquoi, on l'emploie pour qualifier un chevalier d'industrie. Ici, les opinions divergent, certains pensent que cette acception est due au rapprochement avec les mots aigre et faim, une faim très vive pouvant expliquer que l'on soit très avide... d'autres font dériver le sens du verbe provençal agriffer, pouvant signifier voler. Quand je vous disais que ce mot a plein de choses à raconter. Alors pour parler de quelqu'un qui vit de procédés indélicats, d'escroqueries diverses, ce mot lourd de sens et d'histoire me paraît particulièrement approprié. A côté, escroc, qui vient directement de l'italien *scrocco* (escroquer) est, me semble-t-il, d'une banalité à pleurer.

Alacrité

En latin, *alacritas* de *alicer* (vif) désignait la vivacité et l'ardeur. Allègresse est dérivé de l'adjectif, tandis que le nom alacrité s'est formé sur le substantif.

Ces deux mots sont donc très proches, et leur signification (enjouement, gaieté, entrain) aussi. Le premier a, semble-t-il, eu plus de succès que le second. Peut-être, mais ce que je dis est purement subjectif, parce que la sonorité du mot allégresse le rend plus léger.

Et même si Corneille fait dire à Don Diègue dans cette belle tirade du *Cid* :

« *Jamais nous ne goûtons de parfaite allégresse !*
Nos plus heureux succès sont mêlés de tristesse ;
Toujours quelques soucis en ces événements
Troublent la pureté de nos contentements. »

Je préfère alacrité qui me paraît plus profond, plus lourd de sens. Et je ne suis pas le seul. André Gide n'a-t-il pas écrit dans son *Journal* :

« *Oui, mon cerveau, comme désencrassé par ce jeûne, fonctionne avec une alacrité singulière.* »

J'espère vous avoir convaincu qu'il ne faut pas laisser ce mot disparaître, et que mon alacrité va vous entraîner à voir la vie en rose.

Algarade

Qu'as-tu pensé de leur prise de bec d'hier soir ?
Tu veux dire de leur algarade ?
Oh, c'est pareil !
Mais, non, justement ce n'est pas pareil.

Cet échange verbal inattendu n'est pas une dispute banale. C'est l'origine du mot qui donne à algarade un sens beaucoup plus précis que celui de querelle ou de prise de bec. Algarade vient en effet de l'espagnol *algarada*, lui-même emprunté à l'arabe *al-ghara*, qui désignait une incursion militaire soudaine de l'ennemi. Si la violence de l'attaque s'est un peu affaiblie, sa soudaineté reste entière, et il me semble que de nombreuses situations méritent qu'on les qualifie d'algarades.

Des phrases acides échangées sur certains plateaux de télévision aux échanges peu amènes d'automobilistes qui viennent de se froisser les ailes, en passant par les propos impatients de certains dans une file d'attente, les algarades sont partout très fréquentes, non ?

Amphitryon

“

Je ne me trompais pas. Messieurs, ce mot termine
Toute l'irrésolution :
Le véritable Amphitryon
Est l'Amphitryon où l'on dîne.

”

Et voilà comment, grâce à ces quatre vers de l'*Amphitryon* de Molière, le nom de ce personnage de la mythologie grecque est devenu la façon dont on désigne l'hôte qui offre un généreux dîner.

Voilà aussi pourquoi je préfère dire « *Retrouvons-nous ce soir chez notre amphitryon* », plutôt que « *A ce soir chez Machin* ». Et m'exclamer le plus fréquemment possible : « *Notre amphitryon a encore fait des merveilles, ce dîner était somptueux !* » plutôt que « *Qu'est-ce qu'on a bien mangé !* »

Anecdotier

Que seraient nos conversations sans la relation de petits faits curieux, de petites histoires insolites ou inédites, je veux dire sans les anecdotes qui pimentent un récit ou même une démonstration ? Imaginez comme on s'ennuierait sans elles. Elles éclairent notre propos, le rendent vivant, accessible, intéressant. Pourquoi alors se priver de qualifier d'anecdotier quelqu'un qui est passé maître dans l'art de mettre ainsi du sel dans son discours ?

« *J'ai passé une soirée merveilleuse. J'étais assis à côté d'un anecdotier fantastique qui m'a appris plein de choses !* »

Il est vrai que certains qualifient d'anecdotique quelque chose qui ne leur semble pas fondamental. L'adjectif a ainsi acquis un sens plutôt péjoratif, mais cela ne va pas m'interdire d'aimer les anecdotiers ou les anecdotières qui manient l'anecdote avec talent et m'en régalent.

anecdotier

Arsouille

Ce mot dont l'origine est inconnue ou contestée, ce qui revient au même, a d'abord signifié « souteneur de tripot » avant de servir au XIXe siècle à désigner plus largement un voyou.

Pour moi, arsouille, même s'il est qualifié de familier dans nos dictionnaires a des avantages que ses synonymes comme voyou, vaurien, crapule... n'ont pas.

Le premier est qu'il est à la fois féminin et masculin, ce qui en simplifie l'emploi : *« Les Untel, c'est un arsouille marié à une arsouille. »*

Le second, c'est qu'il rime avec andouille.

Le troisième, et pas des moindres, est que son sens étant finalement assez vague, il peut s'appliquer dans de nombreux cas :

« Elle m'amuse tellement quand elle se donne des petits airs d'arsouille ! »

« Arsouille, lui ? Peut-être, mais il est tellement sympathique ! »

Bacchanale

C'est au XVIIe siècle que le mot bacchanale a été introduit pour désigner la partie du carnaval pendant laquelle les participants se couronnaient de lierre. Il y imitaient les fêtes que les anciens Romains organisaient en l'honneur de Bacchus, leur dieu du vin et de la vigne et qu'ils appelaient *Bacchanalia.*

Le mot a pris ensuite le sens de débauche et de danse bruyante et même d'orgie.

Vous allez me dire que vous vous passez fort bien de ce mot, n'étant pas enclin à vous livrer à ce genre de manifestation peu recommandable, je vous entends. Cependant, il me semble qu'il peut être utile de pouvoir dire :

« Cette soirée a failli tourner à la bacchanale. Alors, j'ai préféré rentrer me coucher. »

“

Ce n'est pas parce que le champagne a coulé à flots que je qualifierais cette soirée de bacchanale. Elle était parfaitement ennuyeuse !

”

Barbon

Emprunté à l'italien (à qui on ne l'a jamais rendu), le mot barbon est dérivé de *barbone* (grande barbe) et désigne à l'origine une personne portant une barbe fournie.

A partir du XVIIIe siècle, on s'en sert de façon moqueuse ou péjorative pour qualifier un homme vieillissant et ennuyeux et l'expression « *faire le barbon* » est utilisée pour parler de quelqu'un qui est trop sérieux pour son âge. Quant au mot barbon, il a fini par qualifier de façon ironique ou un peu péjorative un homme d'un âge avancé.

Une fois de plus, je vais aller voir du côté de La Fontaine et pas dans une de ses fables, mais dans un de ses contes au titre savoureux : *Le Petit Chien qui secoue de l'argent et des pierreries.* L'on y voit les dangers pour un vieillard d'épouser une jeunette.

La situation est ainsi posée :

« *Il s'appelait Anselme ; on la nommait Argie ;*
Lui déjà vieux barbon, elle jeune et jolie, »

Et après de multiples développements que je vous conseille d'aller lire, elle se dénoue ainsi :

« *Argie à son époux fit un serment sincère*
De n'avoir plus aucune affaire.
L'époux jura de son côté
Qu'il n'aurait plus aucun ombrage ».

Loin de moi l'idée de critiquer les femmes qui s'amourachent d'hommes plus âgés qu'elles, c'est leur droit, mais c'est aussi le mien de m'exclamer : « *Mais si ce barbon te plaît, ma chérie, épouse-le !* »

Bien-dire

Nul besoin d'expliquer l'origine de ce mot si bien composé car comment qualifier autrement l'art de s'exprimer dans un langage agréable et clair, en un mot l'art de « dire bien » ?

Et pourtant, je n'entends plus personne parler du « *bien-dire* » de quelqu'un. On nous parle d'éloquence ou d'art oratoire, alors que la simplicité, que j'ai envie de qualifier de biblique, de bien-dire relève de l'évidence.

« N'es-tu pas jaloux de son bien-dire ? »

« C'est simple, je n'ai rien à ajouter. Je ne sais pas si tu as raison, mais ton bien-dire rend ta démonstration tellement convaincante ! »

« Il a des choses à dire, mais il n'a pas la manière. Si seulement quelqu'un lui enseignait un peu le bien-dire ! »

> *Quel bien-dire ! On ne se lasse pas de l'écouter !*

Billevesées et calembredaines

Ce n'est sans doute pas un hasard. Ces deux mots qui désignent pour le premier des paroles vides de sens et pour le second des propos extravagants ou absurdes ont tous les deux des origines obscures sur lesquelles les spécialistes n'arrivent pas à se mettre d'accord. Est-ce si grave ? Moi, je choisis celles qui me paraissent les plus savoureuses.

Pour billevesées, l'altération du mot beille qui signifiait boyau et qui aurait été allongé avec vezé signifiant ventru et donc gonflé. Pour calembredaine, on peut supposer que calem- vient du wallon *calauder* (bavarder) et bredaine de bredouiller.

Ainsi, lorsque j'entends quelqu'un émettre des propos creux et insipides, je peux m'exclamer : *« Non, mais quelles billevesées me chantes-tu là ! »* en me réjouissant intérieurement d'avoir qualifié ses paroles de sons émis par un boyau gonflé qu'on aurait crevé.

Et quand j'entends des calembredaines échangées sur un plateau de télévision, je me délecte à l'idée que je n'ai qu'à appuyer sur le bouton de ma télécommande pour faire cesser des bavardages bredouillants.

Bisbille

Ne m'invite pas avec lui,
nous sommes un peu en bisbille.

« Oh, excuse-moi, je ne savais pas que vous étiez fâchés. »
« Je ne t'ai pas dit que nous étions fâchés J'ai parlé de bisbille, pas de fâcherie. Nous avons juste un petit différend sans importance. »

Ce mot qui vient de l'italien *bisbiglio* signifiant murmure désigne une petite querelle qui n'a rien à voir avec une fâcherie dont l'origine latine *fasticare* (éprouver du dégoût) montre bien qu'il s'agit de quelque chose de plus grave.

« Bon, d'accord, d'accord, ne t'énerve pas. Après ce cours d'étymologie, je comprends que je ne dois pas lui dire que je ne l'ai pas convié avec toi parce que tu m'as dit que vous étiez fâchés, mais que tu as juste dit en passant que vous vous étiez querellés à propos de quelque chose de très futile, et que c'est juste un malentendu sans gravité, et que tu n'y attaches pas d'importance, et que ça n'est pas grave du tout, et que... »
« Je vois que tu te moques de moi, mais ça m'est égal, ne nous fâchons pas pour si peu ! »

Cautèle

Du bas latin *cautela* (prudence), le mot cautèle désigne une prudence mêlée de ruse, une forme de défiance peu sympathique en somme et même carrément hypocrite. Ce mot est donc bien utile lorsque l'on se trouve en face de quelqu'un refusant d'appeler un chat un chat et que l'on a le sentiment qu'il le fait pour des raisons inavouables.
« Je préférerais qu'il me dise franchement ce qu'il pense de ce texte que je viens de lui soumettre plutôt que cette cautèle qui m'exaspère. »
Il est donc urgent de réhabiliter ce mot avant qu'il disparaisse tout à fait de notre vocabulaire. Tout comme il est nécessaire d'utiliser l'adjectif cauteleux que l'on entend de moins en moins souvent. Alors que pouvoir dire : *« Cette façon cauteleuse de dire, sans le dire, tout en le disant, qu'il n'aime pas ma nouvelle amie me déplaît »*, vous permet de décrire une situation qui n'est pas si rare.
Et si l'on vous reproche d'employer cet adjectif, rien ne vous empêche de préciser que si Proust l'a mis dans la bouche de monsieur Verdurin pour décrire Swann, c'est qu'il le trouvait tout à fait approprié : *« Il n'est pas franc, c'est un monsieur cauteleux, toujours entre le zist et le zest. Il veut toujours ménager la chèvre et le chou. »*

Chafouin

La fouine est un petit mammifère à qui l'on prête un comportement rusé et indiscret. Il n'en a pas fallu plus pour qu'on forme avec son nom le verbe fouiner et l'adjectif fouineur. Mais cela n'a pas suffi. On s'est servi du masculin fouin qui désignait le mâle, mais qui a disparu pour fabriquer, au XVIe siècle, une injure composée avec le mot chat, le chafouin. L'injure est ensuite devenue la façon de désigner une personne rusée.
Aujourd'hui, on utilise encore l'adjectif, mais dire de quelqu'un qu'il a une mine chafouine me paraît beaucoup moins radical que de s'exclamer :

« *Oh, lui, je me méfie de tout ce qu'il raconte, c'est un tel chafouin !* »

Ou encore :

« *Tu as cru ce qu'elle te disait ?*
Tu ne sais donc pas que c'est une vraie chafouine ! »

Cotillon (courir le)

Voici donc Perrette partie pour la ville vendre son lait :
« Légère et court vêtue elle allait à grands pas ;
Ayant mis ce jour-là, pour être plus agile,
Cotillon simple, et souliers plats. »

Cotillon (dérivé de cotte : sorte de tunique) a d'abord désigné une jupe de dessous portée par les femmes, puis à l'époque de La Fontaine, le mot est devenu synonyme de jupon.

Un siècle plus tôt, le verbe trousser ayant pris le sens de « relever un vêtement » avait donné naissance à l'expression « trousser les jupons ». Les hommes trop empressés auprès des femmes devinrent des « trousseurs de cotillons », et le cotillon a alors servi à désigner les femmes en général. Fort logiquement, des hommes recherchant la compagnie de la gent féminine, on s'est mis à dire qu'ils aimaient « courir le cotillon » et cette expression a perdu le côté libidineux des « trousseurs ».

C'est pour cela que, même si j'ai conscience de m'avancer en terrain miné, je crois que l'on pourrait conserver cette expression ne serait-ce que pour faire la distinction entre les séducteurs qui aiment plaire aux femmes, qui les respectent, et les harceleurs dont je n'ai pas besoin de vous dire qu'ils ne trouvent aucune grâce à mes yeux.

Couvre-chef

Le mot chef, du latin populaire *capum* qui désigne la tête des hommes et des animaux, a été concurrencé très tôt par le mot tête et a fini par disparaître du langage courant, sauf dans ce mot composé *.

Je suis perplexe. Mes dictionnaires ne sont pas d'accord : l'un me dit que c'est un mot familier, l'autre qu'il ne s'emploie que par plaisanterie, j'en ai même trouvé un pour me préciser que c'est un chapeau d'homme !

Eh bien moi, je revendique le droit de qualifier de couvre-chef tout ce qui couvre la tête : chapeau, casquette, képi, béret, canotier, capeline, panama, toque...

Je préfère dire « *Ma chère, quels que soient les couvre-chefs que vous portez, ils vous vont toujours à ravir* », plutôt que « *Vous avez une tête à chapeaux* ». Ou « *Il ne sort jamais sans couvre-chef* », plutôt que « *Il ne sort jamais sans son chapeau l'hiver, sa casquette au printemps et son canotier l'été* », ou pire, « *Il ne sort jamais tête nue* ».

* *Et dans l'expression « branler du chef ». Le verbe branler ayant perdu sa signification d'origine d'osciller et acquis un sens sur lequel je ne m'appesantirai pas, la raréfaction de son usage ne me chagrine pas.*

Cuistre

Par quel mystère, ce mot dérivé du bas latin *coquistro* qui désignait l'officier chargé de goûter les mets, a commencé au XVIIe siècle à qualifier un personnage pédant, ridicule et se vantant de son savoir ? Nul ne le sait. En ancien français, le coistron ou quistron était le marmiton, puis il s'est appliqué au valet d'un collège, puis au cuisinier des étudiants. Ceci ne nous éclaire pas davantage, mais cette origine culinaire ne manque pas de piquant à mon goût pour fustiger un comportement qui est moins que rare.

Le mot d'ailleurs a été très employé. Par Molière, bien sûr, dont le Trissotin des *Femmes savantes* est l'exemple plus que parfait de cuistre. Comment, en effet, qualifier autrement quelqu'un capable de parler ainsi d'une de ses créations :

« Je soutiens qu'on ne peut en faire de meilleur ;
Et ma grande raison, c'est que j'en suis l'auteur. »

Alors surtout, ne nous privons pas de ce mot, et traitons de cuistres tous les pédants que nous rencontrons.

cuistre

Epigramme

« Qu'as-tu pensé des épigrammes d'hier soir ?
– Ça dépend. Si tu parles des morceaux d'agneau que nous a servis notre hôtesse, je les ai trouvés délicieux. Si tu fais allusion aux petits poèmes satiriques récités par son mari, je les ai trouvées délicieuses. »

Voilà un drôle de mot. Quand il désigne un court poème satirique, il est féminin *, mais lorsqu'il s'agit du haut des côtelettes d'agneau, il est masculin. Et, ce n'est pas sa seule singularité. Car si l'étymologie de ce genre littéraire est parfaitement connue (du grec *epigramma*, inscription), l'origine du nom donné à ce morceau de viande est plus mystérieuse. Elle donne lieu à des hypothèses variées dont l'ignorance d'une marquise qui se méprit sur le sens du mot et que l'écrivain Joseph Favre raconte ainsi dans son *Dictionnaire universel de la cuisine* :

« Boileau nous cite l'épigramme
Comme un trait mordant, incisif...
Et La Fontaine, lui, proclame
L'agneau doux et inoffensif.
Ce n'est point de cet amalgame
Que l'on a fait un plat nouveau,
C'est d'un caprice d'une femme
Qu'est né l'épigramme d'agneau. »

Cette façon de se moquer avec quelques vers est passée de mode. Si seulement toutes les mauvaises langues du monde politico-médiatique pouvaient formuler leurs railleries sous forme d'épigrammes, comme le fit Voltaire pour son ennemi Fréron :

« L'autre jour au fond d'un vallon,
Un serpent piqua Jean Fréron.
Que croyez-vous qu'il arriva ?
Ce fut le serpent qui creva. »

* *A noter : épigramme a été masculin jusqu'au XVIIe siècle.*

Equanimité

J'admire ton équanimité.

A qui décernez-vous cette appréciation flatteuse ? A quelqu'un dont vous enviez l'égalité d'humeur et qui garde sa sérénité en toute circonstance.

Composé du latin *aequus* (égal) et de *animus* (âme), ce mot a conservé son sens d'égalité d'âme à l'époque classique où il était peu employé. Il est devenu plus usité au XIXe siècle, mais resta cantonné à l'emploi littéraire. Je trouve cela dommage car j'ai envie de mettre un peu d'âme dans mon vocabulaire.

Je pourrais, bien sûr, me servir du mot flegme mais son origine médicale (du latin *phlegma*, humeur, *mucus*) me révulse quelque peu.

Et il n'y a pas photo entre la sonorité de ces deux mots, l'un a une douceur que l'autre n'a pas, et plus encore, si j'utilise leurs adjectifs respectifs : équanime est autrement plus séduisant à l'oreille que flegmatique, non ?

Giron

Du francique *gêro* (pièce d'étoffe taillée en pointe), giron a d'abord signifié un pan de vêtement allant de la ceinture aux genoux avant de désigner au XIIe siècle une partie du corps humain. Cet endroit compris entre la ceinture et les genoux, où la maman assise tient son enfant, a naturellement pris le sens figuré d'un lieu ou d'un milieu où l'on se sent en sécurité, protégé : le giron familial, le giron d'une communauté...

Je ne vois donc pas pourquoi il faudrait se passer de qualifier de giron un endroit où l'on se sent bien.

« Moi, dès que je quitte mon giron provincial, je me sens moins à l'aise. »

« Saint-Germain-des-Prés, c'est son giron. Dès qu'il s'en éloigne, il se sent à l'étranger ! »

Je hasarde une hypothèse pour expliquer la raréfaction de giron dans nos conversations. La peur de le confondre avec son homonyme, qui pourtant ne s'écrit pas comme lui : girond. Cet adjectif n'a rien à voir avec le giron dont nous venons de parler puisqu'il qualifie une personne aux formes un peu rondes.

Inutile de préciser que dire d'une femme qu'elle est gironde risque de ne pas lui faire très plaisir en ces temps où la silhouette féminine se doit d'être tout sauf ronde. Alors abandonnons girond, mais gardons giron.

Heur

Que voulez-vous, c'est comme ça. Le mot heur a l'heur de me plaire. Mais il semble que je sois bien seul dans ce cas. Ce mot magnifique issu du latin classique *augurium* (présage) a déserté nos conversations. Il n'apparaît plus que dans cette locution que je viens d'employer.

Alors qu'on s'en est servi jusqu'au XVIIe siècle au sens de chance, fatalité heureuse, il a peu à peu disparu de notre vocabulaire.

Quelle ingratitude, quand on pense à la multitude de ses dérivés ! Heureux, malheur, bonheur, bienheureux, heureusement...

Et plutôt que de vous donner mes propres exemples, je vous offre ces quelques citations de Corneille pour vous donner envie de vous servir de ce mot.

« *Qui l'eût dit ? Que notre heur fût si proche et sitôt se perdît* »
(*Le Cid*, III, 4).

« *Tu t'en souviens, Cinna ; tant d'heur et tant de gloire*
Ne peuvent pas sitôt sortir de ta mémoire »
(*Cinna*, V, 1).

« *Puisse le juste ciel, content de ma ruine,*
Combler d'heur et de jours Polyeucte et Pauline ! »
(*Polyeucte*, II, 2).

« *Le prince Antiochus, devenu nouveau roi,*
Sembla de tous côtés traîner l'heur avec soi »
(*Rodogune*, I, 1).

« *L'heur de vous obéir flattera sa douleur* »
(*Rodogune*, III, 4).

Histrion

Du latin *histrio* (mime et au figuré fanfaron), le mot histrion a d'abord désigné un acteur qui jouait dans des farces grossières et s'est ensuite étendu à tous les comédiens. Il a cependant conservé un sens péjoratif et dire à quelqu'un qui vient de se produire sur une scène : *« J'ai beaucoup apprécié votre jeu. Quel histrion vous faites ! »* risque de ne pas plaire du tout. Mais ce n'est pas une raison pour ne pas utiliser le mot, au contraire.

On peut l'appliquer à des gens qui se prennent pour des bêtes de scène, mais dont les prestations ne sont pas à la hauteur de leurs ambitions et rabattre ainsi leur caquet. On peut aussi l'utiliser dans la vie courante. Ne serait-ce que pour qualifier ces gens dont on a l'impression qu'ils sont toujours en représentation et qui nous exaspèrent :

« Il ne sait pas quoi faire pour se faire remarquer, il faut qu'il soit le centre de l'attention générale, ses manières d'histrion fatiguent tout le monde. »

Attention cependant à ne pas parler de la personnalité histrionique de quelqu'un. Ce terme est en effet employé en psychiatrie pour définir un trouble de la personnalité qui se caractérise par un besoin d'attention et de valorisation narcissique exagéré.

Impéritie

> *La laideur des décorations de Noël de la ville est une nouvelle preuve de l'impéritie de notre maire !*

« L'impéritie du responsable du marketing est la cause principale de la baisse de notre chiffre d'affaires. »

De l'adjectif *imperitus* (de *in* négatif et de *peritus*, qui sait par expérience), le nom *imperitia* désigne l'inexpérience, le manque de connaissance.

Au fil du temps, il a gardé ce sens d'incompétence et d'inaptitude, mais sans que l'on sache très bien pourquoi, on emploie ce mot dans un contexte particulier. Il ne s'agit, en effet, pas seulement de stigmatiser l'incapacité de quelqu'un à faire quelque chose, mais plus précisément de pointer un manque d'efficacité dans l'accomplissement d'une fonction.

Ainsi, ne pas savoir monter une mayonnaise si l'on n'est pas cuisinier relève de l'incompétence, la rater, si l'on est un chef reconnu, est de l'impéritie.

Sans ce mot, Pierre Gaxotte n'aurait pas pu fustiger la vie politique avec autant d'humour :

« Quand un nouveau régime s'installe, il commence par inaugurer les ponts, les gares, les aérodromes que son prédécesseur a mis en chantier, puis il dénonce l'impéritie de celui-ci. »

Jocrisse

On peut bien sûr dire de quelqu'un qu'on le trouve niais, benêt, voire nigaud ou godiche, mais reconnaissez que lui donner le nom de ce personnage de comédie devenu un nom commun a quand même plus de panache.

D'ailleurs, les plus grands auteurs s'en sont emparés.

On le trouve dans *Les Femmes savantes* de Molière :

« ... Si j'avais un mari, je le dis,
Je voudrais qu'il se fît le maître du logis :
Je ne l'aimerais point s'il faisait le jocrisse. »

Dans *Coke en stock* d'Hergé, où le capitaine Haddock insulte le commandant d'un navire d'un « *Jocrisse !* » retentissant.

Barbey d'Aurevilly l'emploie encore avec une majuscule : « *Il avait vécu cette niaise première jeunesse qui fait de l'homme le Jocrisse de ses sensations...* »

Il se dit même que le général de Gaulle aurait employé le mot pour se moquer du président du Conseil, Georges Bidault, en 1946.

Avec de telles références, ce mot ne peut et ne doit pas tomber dans l'oubli, n'est-ce pas ?

Longanimité

Pour calmer un groupe d'adolescents qui n'écoutent pas vos vaines remontrances, vous avez le choix.
Soit vous vous exclamez :

> « *Arrêtez ce vacarme, ma patience est à bout !* »

soit vous leur murmurez :

> « *N'abusez pas de ma longanimité et cessez ce vacarme.* »

Je prends les paris, n'ayant jamais entendu ce mot, ils tendront l'oreille et le silence se fera.
Vous pourrez alors leur expliquer que ce joli mot, du latin *longus*, long et *animus*, âme, désigne la patience dont vous faites preuve pour supporter le niveau sonore qu'ils vous imposent.
Vous pouvez préciser qu'une des autres définitions de ce mot est aussi « *l'indulgence à pardonner ce qu'on aurait le pouvoir de punir* ». A bon entendeur, salut !

Loquacité

C'est sans doute le nombre impressionnant de ses synonymes qui rend ce mot bien rare.

Jugez-en : de bagou à volubilité, en passant par bavardage, faconde, prolixité, verbiage et verbosité, il ne manque pas de termes pour décrire une abondance de paroles. Mais... je n'apprendrai rien à mes fidèles lecteurs... il y a des nuances.

Bagou, mot trop familier pour qu'on ait envie de l'employer, a gardé de son origine (de l'ancien français *bagouler*, parler inconsidérément), un caractère très péjoratif. Bavardage, qui s'assimile volontiers au papotage ou au commérage, n'est guère plus valorisant. Le verbiage et la verbosité le sont encore moins car ces deux mots désignent un flot de paroles ou de mots jugé vide d'intérêt ou de sens. Quand on sait qu'en latin *prolixus* signifie allongé, il va de soi que parler à quelqu'un de la prolixité de son discours sous-entend qu'on le trouve trop long, voire délayé. Quant à faconde qui peut désigner un bavardage excessif tandis que la volubilité décrit l'abondance, mais surtout la rapidité de parole, que nous reste-il de plus pour décrire de façon tout à fait neutre la disposition de quelqu'un à beaucoup parler ? Le mot loquacité, bien sûr !

loquacité

Margoulette

Je ne vais pas faire ma bégueule (sic) et vous dire que je n'emploie jamais le mot gueule. Dans de nombreux cas, il n'a pas son équivalent ou celui-ci ne me convient pas. Par exemple, *« il a une sale (ou une belle) gueule »* ne peut guère se dire autrement, *« faire la tronche »* est au moins aussi déplaisant que *« faire la gueule »* et *« c'est une fine bouche »* au lieu de *« c'est une fine gueule »* à quelque chose d'un peu hypocrite.

En revanche, dire *« se casser la margoulette »* au lieu de *« se casser la gueule »* est autrement plus amusant, d'autant que cela revient exactement au même. Margoulette est un mot formé de goule forme ancienne de gueule. On ne connaît pas précisément l'origine du premier élément (mar-) du mot. Ce qui est certain c'est que margoulette est entré dans le langage populaire pour désigner, comme le fait le mot gueule, la bouche puis le visage. Je vous invite d'ailleurs à réhabiliter ce mot dans d'autres circonstances que la chute.

« Sa margoulette ne me revient pas. »

« Elle fait encore une margoulette d'enterrement ! »

« J'en ai pris plein la margoulette ! »

Attention, ne vous méprenez surtout pas, je ne propose évidemment pas de faire des infidélités à Johnny et de vous mettre à chanter :

« Quoi, ma margoulette, qu'est-ce qu'elle a, ma margoulette ? »

Paltoquet

Je veux bien qu'on abandonne le sens vieilli de ce mot qui désignait un homme grossier, un rustre, mais pourquoi réserver son sens moderne d'individu prétentieux et insolent au langage littéraire ?
Son origine obscure, il serait peut-être dérivé du moyen anglais *paltok* (jaquette) devenu *palletoqué* (vêtu d'un paletot) chez Rabelais, ne justifie pas qu'on l'abandonne.
Ce petit mot primesautier sonne trop bien pour qu'on s'en prive.
« Si tu crois que je vais me laisser impressionner par ce paltoquet ! »
« Mais il se prend pour qui, ce paltoquet ? »

Pandiculation

Vous venez de vous réveiller, ou vous vous sentez très fatigué, ou vous êtes au comble de l'ennui, ou bien encore vous avez envie de dormir ; vous vous étirez, les bras tendus vers le haut, la tête renversée, le tronc en arrière, les jambes allongées, et vous bâillez, vous bâillez... Savez-vous que vous êtes en train de pandiculer ?

Ce verbe, du latin *pandiculari* (s'étendre en bâillant, s'allonger), a définitivement disparu de nos dictionnaires, mais son dérivé pandiculation y figure encore, mais il est qualifié de didactique. Il est donc en péril, ce que je trouve inimaginable.

Que l'on ne puisse pas dire « *Réponds pour moi, je pandicule !* » passe encore, mais prononcer pandiculation me paraît presque aussi relaxant que la chose elle-même et je ne m'en priverai pour rien au monde.

« *J'étais en pleine pandiculation quand le livreur a sonné à ma porte.* »

« *Son discours était tellement ennuyeux que je rêvais de pouvoir me livrer à une pandiculation salvatrice.* »

« *Viens, on va se faire quelques pandiculations dans les transats au bord de la piscine, ça va nous détendre.* »

pand

Poétereau

Poète, poétesse, poétique, poétiquement, poétiser, poétisation, et pourquoi pas poétereau ? Vieilli, me dit-on. Parce qu'il n'y aurait plus de mauvais poètes ou de poètes mineurs ?
On peut qualifier un auteur qui ne nous paraît pas de premier ordre d'écrivaillon, d'écrivailleur, d'écrivassier, de gâte-papier, de plumitif, de scribouillard, de pisse-copie, et même de faiseur de livres, mais lorsqu'un poète ne nous convainc pas, nous devons nous contenter de le traiter de rimailleur, mot qui lui aussi semble, d'ailleurs, en perte de vitesse.
C'est quand même injuste, non ? Croyez-moi, je ne dis pas cela parce que je n'ai jamais écrit de poésie ou que je jalouserais le talent de ceux qui savent versifier, non, c'est simplement que je pense que tout le monde a le droit d'être loué ou critiqué quel que soit son mode d'expression.
Alors, qu'on me laisse dire poétereau, sinon...
Sinon, je me sens autorisé à reprendre à mon compte ces mots de Guy Bedos : « Il ne faut pas poéter plus haut que son cul. »

Prolégomènes

J'ai intitulé « avant-propos » les quelques phrases de présentation de ce livre. J'ai hésité entre introduction, préface et prologue, ces trois mots recouvrant à peu près la même chose.

Ah, si seulement j'avais pu les appeler prolégomènes, du grec *prolegomena* (choses dites avant) !

Mais ce petit livre, vous en conviendrez, n'a pas besoin que l'on vous explique en long en large et en travers comment le comprendre. Alors, il n'a pas besoin d'une « *ample préface fournissant les notions nécessaires à son intelligence* », ce qui est la définition de prolégomènes.

Un jour, peut-être, commettrai-je un ouvrage dont je devrais fournir les clefs sur plusieurs pages ! Un jour, peut-être...

En attendant, je connais des discours ou des livres qui, eux, auraient bien besoin d'être un peu explicités.

Je ne citerai pas de noms, vous me connaissez, mais...

« Je ne suis pas sûr que des prolégomènes auraient réussi à rendre son texte moins confus. Je n'y ai rien compris. »

« S'il croit que ses prolégomènes prétentieux vont parvenir à rendre ses écrits amphigouriques (voir p. 53) plus intelligibles, il se trompe. »

« Evidemment si tu as sauté les prolégomènes avant de commencer à lire le texte, tu ne peux pas avoir saisi tout l'intérêt de ce livre. »

Saint-frusquin et saint-glinglin

Saint-frusquin et saint-glinglin sont sur un bateau. Saint-frusquin tombe à l'eau...
Je plaisante, enfin à moitié.
Pourquoi faudrait-il que ces deux saints se noient dans l'oubli ?
Parce qu'ils sont qualifiés par certains de familiers ? Parce que la laïcité est à la mode, mais dans ce cas, je connais des chiens, des gâteaux, des fromages et des vins qu'il faudrait débaptiser aussi.
Non, croyez-moi, il n'y a aucune raison d'abandonner ce frusquin (de l'argot du XVIIe siècle, frusquin, habit), ni ce glinglin (issu du bas latin *signum*, sonnerie de cloche).
Le premier est très utile pour désigner l'ensemble de choses que l'on possède, le second pour dire jamais d'une façon plutôt drôle.
« Il a débarqué avec tout son saint-frusquin, et j'ai l'impression qu'il va rester jusqu'à la saint-glinglin. »
Bien sûr, je pourrais dire : *« Il a débarqué avec armes et bagages, et j'ai l'impression qu'il a programmé son départ aux calendes grecques »*, mais convenez que c'est moins amusant.

Sigisbée

Elle est venue sans son sigisbée, ce soir ?
Tu veux dire sans son copain ?
Il s'appelle Paul, pas sigisbée.

Voilà ce qui arrive aux mots qu'on commence à négliger. Certains n'en connaissent plus le sens.
De l'italien *cicisbeo* signifiant chevalier servant d'une dame, sigisbée est aujourd'hui remplacé par une telle multitude de mots qu'on ne peut que pardonner à ces ignorants.
De plus, il a acquis un sens péjoratif ou ironique qui laisserait sous-entendre que le sigisbée en question est certes un chevalier servant, mais un peu trop présent ou pressant, ou même collant. Alors évidemment, on hésite, mais c'est dommage. Jugez-en. Je peux dire à une amie : « *Tu peux venir avec ton pote, ton mec, ton copain, ton compagnon, ton jules, ton petit ami...* », mais je suis prêt à parier que si je lui dis : « *Amène ton sigisbée* », elle trouvera cela beaucoup plus élégant.

Sycophante

Ma passion pour La Fontaine ne vous a pas échappé. Alors, quand notre grand fabuliste s'empare de sycophante pour qualifier un loup * essayant de tromper la vigilance du berger, je ne peux qu'applaudir :
« *Guillot le sycophante approche doucement.* »
Car ce mot a une bien belle histoire. Il vient d'un mot grec qui désignait ceux qui dénonçaient les voleurs de figues. Il s'est ensuite appliqué à tous les délateurs et enfin, on ne sait pas exactement pourquoi, à ceux qui agissent de façon fourbe et hypocrite.
Alors voilà, vous pouvez donc traiter de sycophante quelqu'un qui va tenter de vous tromper ou de vous trahir.
Mais pour lui montrer que vous avez des lettres, et que vous n'êtes pas dupes de ses intentions malveillantes, je vous conseille de lui livrer la morale de la fable :
« *Toujours par quelque endroit fourbes se laissent prendre.*
Quiconque est loup agisse en loup ;
C'est le plus certain de beaucoup. »

* *La fable s'appelle Le Loup devenu berger.*

Thaumaturge

Si un homme politique me demandait conseil, rassurez-vous, ce n'est jamais arrivé, enfin, au cas où... je lui recommanderais de remettre le mot thaumaturge au goût du jour.

Pourquoi ? Parce que ce mot peut être extrêmement utile.

D'abord utiliser des mots dont l'origine grecque (*thamatourgos*, faiseur de miracles) est encore visible fera toujours bon effet dans le discours de quelqu'un qui veut paraître cultivé.

Ensuite parce que le peuple d'électeurs potentiels et revendicatifs que nous sommes est toujours en attente de l'homme providentiel qui va régler tous les problèmes en un claquement de doigts. Il peut donc être adroit de disqualifier ses adversaires en les soupçonnant de se prendre pour des thaumaturges ou d'expliquer que même si rien ne change, ça va changer quand même.

« Je ne vais pas vous faire croire, comme le fait Machin, que je suis un thaumaturge. Lui comme moi n'avons pas de baguette magique. »

« Je ne suis pas un thaumaturge, et les réformes que je propose ne sont pas des miracles, mais des solutions. »

« Si j'étais un thaumaturge, tout s'arrangerait demain matin, non, je mets simplement en place des nouvelles règles qui vont peu à peu améliorer les choses. »

Vulgum pecus

De la même façon que deus ex machina ne signifie pas « le champion du lavage en machine », que persona non grata ne veut pas dire « personne n'aime le gratin », vulgum pecus ne désigne pas du « papier-toilette en tissu caoutchouté * ».
Non, cette locution est une façon familière de désigner les gens ignorants, le commun des mortels.
Fabriquée à partir du latin *vulgus*, la masse et *pecus* troupeau, c'est vrai que son origine lui donne un caractère un peu péjoratif.
En ces temps de politiquement correct, elle peut même paraître indélicate. En même temps, j'en entends certains parler de beaufs, de péquenots, de ploucs... vous trouvez ça mieux ?
Je considère que le côté latin de la chose redonne un peu de lustre à cette expression et, après tout, nous sommes, habitués, non ? Habitués ? Oui, quoi, *« les Français sont des veaux »*, ça ne vous rappelle rien ?
Philippe de Gaulle a bien confirmé dans son livre *(De Gaulle, mon père)* que le général avait prononcé ces mots en 1940 à Londres : *« Ce sont des veaux. Ils sont bons pour le massacre. Ils n'ont que ce qu'ils méritent. »*

** Pour les moins de 20 ans qui peuvent ne pas connaître, le bulgomme est un tissu imperméable que ma grand-mère mettait sous la nappe pour protéger sa table.*

aboulique . bas-bleu
captieux . chafouin .
délétère . difficu
émerillonné . glabr
ingambe . languide . marri .
nonpareil . nycthéméral
picrocholin . pourpré . quie
recru . subreptice . valétu
aboulique . bas-bleu
captieux . chafouin .
coite . délétère . diffic
émerillonné . glabr
ingambe . languide
misandre . nonpareil .
persifleur . picrocholin . pourp
quinteux . recru . subreptice
aboulique . bas-bleu
captieux . chafouin . coi, coite .
difficultueux . émerillo
gourmé . ingambe . languide .

Chapitre 2

Les adjectifs

Aboulique

Cela fait trois fois que la serveuse revient vers votre table, et votre ami n'a toujours pas décidé s'il va commander une quatre-saisons, une margherita ou une napolitaine, à moins qu'il n'hésite entre une reine, une sicilienne ou une royale... Votre dernier dîner aurait pourtant dû vous servir de leçon. Vous aviez dû l'obliger à prendre le menu du jour, son choix entre les nems, le canard laqué, le porc au caramel, les nouilles sautées et les trente autres propositions ayant duré plus d'une demi-heure.
Faute de ne plus pouvoir fréquenter votre pizzeria préférée et ce délicieux restaurant chinois où vous avez vos habitudes, vous allez devoir dire à cet ami ce que vous pensez depuis longtemps :

“

Tu es encore plus aboulique que ce que je croyais.

”

S'il le prend mal, surtout répondez-lui que vous ne portez pas un jugement de valeur sur son inaptitude à choisir, à décider, mais que vous le plaignez d'être atteint de ce problème psychologique. C'est tellement moins négatif que d'être traité d'indécis, d'irrésolu, d'hésitant...

Amphigourique

Vous ne savez comment vous débarrasser de ce bavard impénitent qui vous embrouille avec ses propos confus, obscurs, pour ne pas dire abscons ?
J'ai la solution. Exclamez-vous :
« Tu m'assommes avec tes discours amphigouriques !
– Amphigourique, toi-même ! »
Voilà, vous êtes fâchés, mais au moins vous n'entendrez plus parler de cette personne incapable de s'exprimer clairement, sans ambigüité.
L'origine de ce mot qui apparaît au XVIIIe siècle est inconnue. Les spécialistes s'accordent cependant à dire que cet assemblage de syllabes hétéroclites seraient le fruit d'une onomatopée visant à reproduire la cacophonie que produit un discours sans queue ni tête.
Je dois dire que cette idée me séduit et que je ne peux donc pas m'empêcher de penser que quelqu'un, un jour, a inventé ce mot, et encore moins me retenir de rêver d'avoir été ce quelqu'un.
Bon, je sais, je délire mais laissez-moi quand même me délecter de ce magnifique adjectif.
« Ne lui demande surtout pas son avis sur cette pièce, tu la connais, elle va partir dans ses variations amphigouriques. Toi et moi, nous pouvons répondre en trois mots que nous l'avons trouvée ennuyeuse, elle, elle va nous faire trente phrases pour ne pas nous le faire comprendre. »

Bas-bleu

L'origine de ce mot donne lieu à des hypothèses diverses et variées. La plus convaincante me semble être celle qui en fait un calque de l'anglais *bluestocking* et nous explique qu'un homme peu élégant qui fréquentait au XVIIIe siècle le salon littéraire d'une Mrs Montagu avait l'audace de s'y présenter sans les bas de soie de rigueur, mais avec des chaussettes de laine bleue. Bluestocking s'est alors appliqué aux habitués de ce club, puis aux personnes ayant des prétentions littéraires.
Au XIXe siècle, il a traversé la Manche et a été traduit en bas-bleu. Personne ne sait si c'est avant ou après cette traversée qu'il a pris un sens exclusivement féminin tout en restant invariable comme adjectif (elle est vraiment bas-bleu) et masculin comme nom (cette femme est un bas-bleu), ce qui est quand même un comble !
La prétention intellectuelle ayant encore de beaux jours devant elle, il paraît nécessaire de ne pas laisser ce mot disparaître. Mais je mets une condition à son sauvetage. Je veux pouvoir l'appliquer aux pédants comme aux pédantes.
Je ne citerai pas de nom, mais je veux pouvoir dire : « *Vous avez lu le dernier livre de ce bas-bleu de X. ?* » ou encore : « *Machine ? Oh quel bas-bleu, celle-là !* »

bas-bleu

Capricant

Si l'on remonte au latin *caprinus*, dérivé de *capra* (chèvre) qui a donné caprisant en ancien français, on comprend tout de suite que ce mot a d'abord servi à désigner ce « *qui procède par bonds saccadés* ».

On ne s'étonne pas non plus qu'il ait acquis un sens figuré pour qualifier ce qui se meut de façon saccadée, inégale, sautillante, et donc une personne fantasque au comportement imprévisible. Il n'en manque pas.

« *Tu ne la trouves pas un peu trop capricante ?*

– Pas du tout. Cette façon de ne pas s'enfermer dans le train-train quotidien me paraît au contraire le gage d'une vie pleine de fantaisie qui me convient parfaitement. »

Je vous l'accorde, c'est un comportement parfois fatigant, mais comme cela peut donner lieu à des échanges amusants, je confirme mon intérêt pour ce mot.

“ *Oui, figure-toi que l'autre jour, trouvant qu'il changeait un peu trop souvent d'avis, je lui ai dit qu'il allait me rendre chèvre à être aussi capricant. Il a pris la mouche et claqué la porte. Quel manque d'humour !* ”

Captieux

Est-ce parce que certains ont parois confondu ce mot avec capiteux, qui n'a évidemment rien à voir, que l'on a cessé d'employer captieux pour désigner un argument ou un raisonnement qui, sous une apparence de vérité, induit en erreur ? Je l'ignore, mais c'est bien dommage.
Du latin *captiosus* (trompeur) captieux a le mérite d'être clair. Et rien ne doit vous empêcher de qualifier de captieuse la démonstration que l'on vient de vous faire pour vous convaincre d'effectuer telle ou telle démarche. C'est une façon efficace, mais néanmoins élégante de signaler que vous avez repéré des contre-vérités dans cet exposé.
Vous pouvez, bien sûr, employer l'adjectif fallacieux qui signifie à peu près la même chose. Mais je trouve que la sonorité de ce mot, dansante et légère, lui enlève son côté nuisible. Alors qu'on entend bien la mauvaise intention cachée sous un propos captieux.

Coi, coite

Comme quiet dont je vous parle plus loin, coi vient du latin *quietus* (en repos, tranquille). Cet adjectif a donc longtemps été employé pour exprimer l'idée de tranquillité. Il a été peu à peu abandonné pour ne plus être utilisé que dans les expressions « rester coi, demeurer coi » destinées à décrire l'attitude de quelqu'un qui ne dit plus rien et ne bouge plus sous l'effet de la surprise, de l'émotion ou de la peur.
Pourquoi pas ? Je ne dis pas que ces expressions soient inutiles, bien au contraire, mais cela n'implique pas que l'on ne puisse plus se servir de coi dans des circonstances moins radicales.
« Viens te promener avec moi dans la campagne et tu vas voir, si tu restes coi, tu vas entendre toutes sortes de sons tout à fait intéressants. »
« Je l'emmènerais volontiers à ce concert, mais je ne suis pas sûr qu'elle soit capable de se tenir coite pendant une heure et demie. »

Délétère

Du grec *dêlêtêrios* (nuisible, qui empoisonne), délétère a d'abord servi à qualifier tout ce qui pouvait être dangereux pour la santé, et en particulier, les gaz et les émanations diverses. Il a gardé ce sens, mais a acquis un sens figuré pour désigner tout ce qui peut être néfaste dans le domaine intellectuel ou moral.

Mais l'emploi de ce sens figuré, qualifié de littéraire par mes dictionnaires, se fait de plus en plus rare dans notre langage courant. Ce que je ne peux que déplorer.

Comment qualifier le niveau particulièrement indigent de certains débats, la pauvreté de tel ou tel ouvrage, film ou autre production artistique ? On peut les juger « *nuls* » bien sûr, puisqu'une des définitions de cet adjectif est « *qui ne vaut rien, pour la qualité, en parlant d'ouvrages de l'esprit, de travaux intellectuels* », mais il y manque la notion de nuisance qu'apporte délétère, et dont je ne me priverais pour rien au monde.

délétère

Difficultueux

D'une chose qui vous paraît particulièrement difficile et si cet adjectif ne vous semble pas assez fort, vous pouvez bien sûr dire que *« ce n'est pas une mince affaire »*, ni *« la mer à boire »*, que c'est *« balèze »*, ou *« galère »*, ou *« chaud »*, ou *« dur, dur »*, ou *« pas facile-facile »*, ou que *« c'est pas la joie »*, ou que *« ça va être du sport »*... et j'en passe ! Mais vous conviendrez avec moi que difficultueux est autrement plus élégant et aussi plus efficace.

Par ailleurs, ce mot peut aussi qualifier une personne. Pour désigner quelqu'un qui a des relations faciles avec les autres, qui est agréable à fréquenter, qui se satisfait aisément, enfin vous voyez ce que je veux dire, quelqu'un qui est le contraire de ces gens dont on dit qu'ils sont difficiles, le désigner comme un être *« qui n'est vraiment pas difficultueux »*, a autrement plus de poids. Il est en plus sans ambiguïté. La preuve ? Un exemple : un ami vous dit de la nouvelle compagne de Paul, une relation commune, qu'elle *« n'est pas difficile »*. Vous allez peut-être en conclure que votre ami a une piètre opinion de Paul et trouve qu'elle se satisfait de peu en le choisissant. Alors que s'il annonce qu'il a trouvé qu'elle *« n'est pas difficultueuse »*, vous comprenez tout de suite que c'est quelqu'un qui va être facile à vivre et ne va pas compliquer la vie de votre ami commun.

Ebaubi

« Je ne vous mentirai pas, il m'est arrivé à moi aussi de me tromper et de me dire "tout ébaudi par cette nouvelle", alors que j'aurais évidemment du dire que j'étais "ébaubi". »

Cet adjectif qui se fait rare, participe passé du verbe ébaubir, vient en effet de l'ancien français *abaubir* (rendre bègue) qu'il ne faut surtout pas confondre avec ébaudir qui, lui, vient du francique *bald* qui signifiait joyeux.

Alors, si vous avez peur de vous tromper pour marquer que quelque chose vous a extrêmement étonné, vous pouvez, bien sûr, vous exclamer que vous êtes stupéfait, interdit, voire ébahi, mais convenez avec moi que si votre stupeur est immense au point de vous couper la parole, c'est ébaubi qui l'exprimera le mieux.

Elle a réussi à lui clouer le bec ?
Alors là, tu m'en vois tout ébaubi !

Emerillonné

Tu es bien émerillonné ce matin !

Surtout, ne prenez pas mal cette exclamation. Au contraire, elle signifie que je vous ai trouvé l'air vif, éveillé, comme l'est l'émerillon, petit oiseau de proie qui est à l'origine de cet adjectif devenu bien rare dans nos conversations.

J'ai beau chercher, je ne lui trouve aucun synonyme satisfaisant.

Guilleret, qui, lui aussi, a à voir avec un oiseau, pourrait faire l'affaire, mais ce mot a un côté sautillant que n'a pas émerillonné, qui se focalise plutôt sur la vivacité du regard et la gaieté qui s'en dégage.

Fringant qui est dérivé de fringuer (gambader) est évidemment trop agité.

Quant à pétulant, du latin *petere* (se jeter sur), convenez que son côté agressif le rend inadéquat pour qualifier ce que vos yeux expriment. Il y manque la finesse de ce joli mot. Alors, ne nous privons pas.

« J'ai vu à son air émerillonné quand elle a ouvert son cadeau que j'étais tombé juste. »

Fieffé

Remontons le temps et transportons-nous au Moyen Age à l'époque où le fief est le domaine concédé par le seigneur à son vassal à charge pour celui-ci de lui fournir certains services. On disait alors de celui qui était pourvu d'un fief, qu'il était « *fieffé* ».
Mais au XIIIe siècle, l'adjectif a pris le sens figuré très particulier et précis de « celui qui possède un défaut au plus haut degré ».
Alors, du fieffé menteur, à la fieffée bavarde, en passant par le fieffé ivrogne ou la fieffée coquine ou les fieffés imbéciles, il y a de quoi faire.
Remarquons que notre histoire nous colle à la peau car si les seigneurs et leurs vassaux ont disparu de nos campagnes, oh, excusez-moi, de nos territoires ruraux comme on dit aujourd'hui, les fiefs eux, n'ont pas déserté toutes nos campagnes, et en particulier nos campagnes électorales. Personne en effet ne s'étonne de cette survivance moyenâgeuse dans le vocabulaire journalistique et politique :
« Le ministre est allé voter dans son fief ce matin. »
« Il donnera un grand meeting dans son fief la semaine prochaine. »
« Il n'a rien à craindre. Il se représente dans son fief. »
Ah, ces fieffés opportunistes !

Glabre

Vous avez sans doute remarqué que la mode de la barbe revient. Si j'osais, oui, j'ose, je dirais même que la barbe reprend du poil de la bête ! Ce n'est pas une raison pour abandonner glabre.

Bien sûr, nous avons le mot imberbe, mais il me semble que je préfère, quand je me suis rasé de très près, me dire que mon menton est glabre plutôt qu'imberbe. Pourquoi me direz-vous ? C'est que cet adjectif me renvoie à une époque (déjà fort lointaine, hélas) où je scrutais mon menton pour y découvrir des poils naissants. Je guettais, jour après jour, l'apparition de ce qui allait enfin faire de moi un adulte. J'étais encore imberbe, disait ma grand-mère, et j'entendais *« il n'a pas de barbe, ce n'est qu'un enfant »* ; elle ne disait pas que j'avais le visage glabre.

Du latin *glaber* (sans poils, chauve), cet adjectif me paraît donc très approprié pour dire de tous les hommes qui ne se laissent pas entraîner par la mode qu'ils ont de beaux visages glabres.

glabre

Gourmé

Il est raide, elle est coincée, ils sont guindés... Vous avez le choix pour qualifier le comportement compassé de quelqu'un, mais le mot gourmé est plus parlant.
Certains le font en effet dériver du mot gourme (devenu gourmette aujourd'hui) désignant la chaînette qui fixe le mors dans la bouche du cheval. Ainsi au XVIIe siècle, un cavalier qui retenait son cheval, qui le bridait à l'aide de sa gourmette, disait qu'il le gourmait.
Je ne peux donc pas m'empêcher de préférer cette métaphore équine pour désigner une personne qui manque singulièrement de naturel et affecte un air grave, retenu pour *« faire son intéressant »*, comme diraient les enfants.
« Tu as vu, au lieu de se laisser aller comme tout le monde, de montrer son enthousiasme, il est resté gourmé, comme à son habitude. On se demande vraiment ce qui l'a empêché d'applaudir à tout rompre comme nous tous. »

“

Son envie de passer pour quelqu'un d'important l'a sûrement retenu. Tu veux que je te dise, sa prétention lui interdit de faire comme les autres, comme j'interdis à mon cheval des gestes désordonnés en tirant sur sa bride.

”

Immarcescible

Je vous l'accorde, ce mot ne se prononce et (ne s'écrit pas) forcément très facilement, il faut un tout petit peu d'entraînement, mais le jeu en vaut la chandelle.
Du latin ecclésiastique *immarcescibilis* (qui ne se flétrit pas), dérivé de *marcescere* (se flétrir au sens propre et au figuré) immarcescible est irremplaçable.
Comment qualifier en effet quelque chose que rien ne peut abîmer, faner ou dépouiller de son éclat ?
Et il ne s'agit pas uniquement de la gloire que cet adjectif sert très souvent à qualifier, mais de toutes sortes de choses de notre quotidien. Voyez comme ses remarques prennent tout à coup un sens plus fort :
« Notre immarcescible amitié fait que je lui pardonne tout. »
« Son immarcescible bonne humeur est surprenante. »
« Il s'est vexé. Son sens de l'humour est moins immarcescible que je ne le pensais ! »
Certains vous diront qu'ils peuvent se servir de l'adjectif inoxydable pour dire à peu près la même chose. Je ne suis pas d'accord car le côté métallique de ce mot me déplaît.

Infatué

On entend encore parfois l'adjectif infatué dans la bouche de gens cultivés qui n'osent pas traiter quelqu'un de prétentieux. Cet adjectif désigne en effet quelqu'un qui est un peu trop persuadé de ses qualités ou de ses mérites.
Mais on oublie un autre sens de ce mot qui nous serait pourtant bien utile. Ce sens, qui vient de son origine latine *infatuare* (rendre déraisonnable, sot), permet de qualifier toute personne qui a un engouement excessif pour quelque chose, ou pour quelqu'un, d'ailleurs.
« Depuis qu'il s'est infatué de ce chanteur, il ne veut plus entendre quoi que ce soit d'autre. »
Je sais que l'on se sert plus couramment du mot fan pour parler des admirateurs de tel ou telle vedette, mais pourquoi préférer cette abréviation du mot anglais fanatic à notre infatué bien français ?
Il me semble que dire *« Ils font partie du même groupe d'infatués »*, plutôt que *« Ils appartiennent au même fan-club »* est une façon de rendre justice à notre langue, non ?
Quant au verbe s'infatuer, n'est-il pas autrement plus élégant que s'enticher ou se toquer ?

Ingambe

Je vous l'accorde, ce mot peut paraître un peu délicat à employer. On peut hésiter sur sa prononciation, ne riez pas, j'ai une fois entendu quelqu'un dire « *injambe* ». Cette personne ignorait sans doute son origine italienne (*gamba* : jambe). Quand à sa signification, on a aussi le droit d'ignorer que le préfixe « in » ici n'est pas négatif, comme il l'est si souvent, et qu'il signifie « en ». Donc, ingambe sert à désigner quelqu'un qui est « en jambes », qui marche aisément. Alors, allons-y, félicitons les seniors alertes que nous croisons sans état d'âme :
« Ma chère, je vous trouve plus ingambe que jamais ! »

> “ *Je t'assure, malgré ses rhumatismes et son grand âge, il est autrement plus ingambe que moi.* ”

Languide

Comment parler de langueur sans penser à Verlaine ?
« Il pleure dans mon cœur
Comme il pleut sur la ville ;
Quelle est cette langueur
Qui pénètre mon cœur ? »

Du latin *languor* (faiblesse, abattement), le mot langueur a pris le sens de tristesse vague et rêveuse au XVIIIe siècle et fort logiquement, l'adjectif languide a alors servi à qualifier ce qui exprime de la langueur.

Rien ne peut le montrer mieux que cette magnifique citation de Gide :

« La jeune femme que j'avais devant moi et dont je ne voyais que le profil, [...] un œil languide et tristement rêveur, [...] le col fragile autant qu'une tige de fleur, cette femme était de la plus troublante, de la plus angélique beauté. »

Alors, suivons les poètes et n'hésitons pas à utiliser ce mot à la première occasion.

« On ne t'a pas vu hier soir ?
– Non, j'étais d'humeur languide, j'ai préféré rester à lire et rêvasser au coin du feu. »

Marri

De l'ancien français *soi marrir* (s'affliger, se fâcher), l'adjectif marri est resté en usage pour désigner une personne fâchée, contrariée. Mais, qualifié de vieux ou de littéraire par les linguistes, j'ai bien peur qu'il ne soit en grande perte de vitesse. Ce ne sont pourtant pas les occasions qui manquent d'employer ce joli petit mot. Ne serait-ce que pour jouer avec, comme Molière qui a fait dire à ce pauvre Sganarelle : « *Oui, son mari vous dis-je, et mari très marri* ».
Je ne vous propose évidemment pas, à la moindre contrariété, de vous exclamer : « *Vous m'en voyez fort marri !* » formulation qui manque un peu de naturel.
En revanche : « *Je suis marri d'arriver en retard* » est une façon élégante de se faire pardonner. Et pour exprimer de la compassion sans pathos, je me vois très bien dire :

“ *Je suis marri de ce qui t'arrive.* ”

Matois

Dans l'argot du XVe siècle, le mot mate désignait le lieu où se réunissaient les voleurs. Le mot matois a donc d'abord servi à qualifier un bandit, puis une personne malhonnête qui emploie la ruse sous des dehors bonhommes.

Le chat et le renard dans la fable de La fontaine du même nom en sont une parfaite illustration.

« Le Chat et le Renard, comme beaux petits saints,
S'en allaient en pèlerinage,
C'étaient deux vrais Tartufs, deux archipatelins [...]
Le Chat dit au Renard : Fouille en ton sac, ami :
Cherche en ta cervelle matoise
Un stratagème sûr. [...] »

Cet exemple, j'en suis sûr, m'autorise à dire :

« Tu ne te méfieras jamais assez de lui, n'as-tu pas remarqué son allure matoise ? Je t'assure, il est archi-matois ».

Madré, qu'on n'emploie plus guère non plus est le parfait synonyme de matois. On pourrait donc le remettre aussi au goût du jour, mais comme son féminin ne s'entend pas, à l'inverse de matoise, je préfère garder matois.

Misandre

Je suis très embarrassé. Ce contraire de misogyne est en train de disparaître de notre vocabulaire et personne ne semble s'en émouvoir, sauf moi. C'est vrai que le sujet est sensible !
Mais entendons-nous bien. Il ne s'agit pas pour moi de revendiquer le droit d'utiliser ce mot à tort et à travers, mais au contraire de le remettre en usage pour que mes amies féministes s'en emparent.
Je m'explique, les misogynes et autres phallocrates qui peuplent notre société auraient la faculté d'exprimer haut et fort leur hypothétique bonne foi :
« *Je ne suis pas misogyne, mais vous reconnaîtrez quand même que les femmes, bla, bla, bla...* »
Tandis que les femmes ne pourraient plus dire :

> “*Je ne suis pas misandre, mais reconnaissez que les hommes...*”

Nonpareil

Si comme moi, vous êtes exaspéré d'entendre fréquemment des gens vous dire qu'ils ont trouvé un événement ou quoi que ce soit d'autre « *assez extraordinaire* », vous vous précipiterez sur cet adjectif pour qualifier quelque chose d'inégalable, qui n'a pas son pareil et vous vous exclamerez :

> *J'ai trouvé sa prestation nonpareille !*

J'ose croire que personne n'aura l'idée saugrenue d'ajouter « *assez* » devant ce petit mot tellement lourd de sens.
Je m'explique mal sa rareté dans nos propos. Peut-être est-ce parce qu'il s'écrit sans trait d'union, ce qui n'est pas fréquent dans la longue liste des mots formés avec cet adverbe de négation dont la production a explosé depuis le début du XXe siècle.

Nycthéméral

En ces temps où l'on se préoccupe tellement de la durée de sommeil nécessaire à chacun. Où l'on glose sur les petits et les gros dormeurs, on comprend mal que ce mot déserte nos conversations.

Formé à partir du nom nychtémère * (du grec *nuktos*, nuit et *hemera*, jour) qui désigne un espace de temps de 24 heures comprenant un jour et une nuit, l'adjectif nycthéméral sert donc à qualifier un rythme ou un cycle de 24 heures.

« *Depuis que je ne bois plus de café après 5 heures, mon rythme nychtéméral est devenu nettement plus régulier* » a un petit côté scientifique qui me séduit davantage que de dire « *Je dors mieux* ».

Quant à l'adolescent à qui vous expliquez que si vous lui interdisez de consulter son portable après 9 heures du soir, c'est pour améliorer son rythme nychtéméral, il aura nettement plus de mal à argumenter.

* *Je pense qu'il est inutile que je précise que ce mot n'a rien à voir avec un quelconque groupe de rap, n'est-ce pas ?*

Patelin

Patelin n'a vraiment pas de chance. Contrairement à ses homologues tartuffes et harpagons, il n'a pas un père célèbre. Son nom vient en effet d'un texte dont l'auteur reste inconnu : *La Farce de maître Pathelin.*

Cette pièce de théâtre de la fin du Moyen Age considérée comme un chef-d'œuvre comique a eu un succès considérable. Au point que son personnage principal, un avocat rusé, fourbe, charmeur, et qui parvient à tromper tout le monde, a servi à désigner toute personne présentant les mêmes caractéristiques.

Et comme si cela ne lui suffisait pas d'être de père inconnu, ce pauvre mot a fini par tomber dans l'oubli, seul l'adjectif restant en usage pour qualifier quelqu'un de mielleux et de sournois. Mais cet adjectif se fait, lui aussi, de plus en plus rare, ce que je regrette vraiment.

« *Tu ne vois donc pas qu'il cache une ambition démesurée sous son air patelin ?* »

> *Elle est tellement pateline que quoi qu'elle fasse, elle arrive toujours à ses fins.*

Persifleur

Alors que l'on parle encore souvent d'un ton, d'un texte ou d'un discours persifleur, il semble que l'on n'ose plus qualifier une personne ainsi. Pourtant, je suis sûr qu'il vous est arrivé, comme à moi, d'avoir l'envie irrépressible de traiter quelqu'un de persiffleur.

Et vous avez raison. Quel autre mot pourriez-vous utiliser pour décrire cette sorte de personne qui se moque de quelqu'un en faisant semblant de le louer, qui lance des compliments qui n'en sont pas, et qui ne visent qu'à le ridiculiser ?

Cet adjectif dérivé du verbe persifler ou persiffler, formé par l'adjonction du suffixe per (qui marque l'intensité) au verbe siffler, est indispensable.

Et pour vous donner envie de l'utiliser plus souvent, je me dois d'évoquer Triste Sire (en anglais Sir Hiss), le serpent conseiller du prince Jean dans le *Robin des Bois* de Disney. Le prince l'a en effet surnommé Persifleur. Il ressemble beaucoup au terrible python Kaa du *Livre de la jungle.*

La prochaine fois que vous vous trouverez en présence d'un de ces individus moqueurs et sournois, pensez à ces deux serpents maléfiques (et si drôles) et n'hésitez plus à le traiter de persifleur.

Picrocholin

Est-ce l'origine grecque du mot picrochole (*pikros* : piquant, amer et *khole* : bile) ou Rabelais qui nous intimide et nous empêche d'utiliser cet adjectif magnifique ? Magnifique, je pèse mes mots. Même si on a oublié que Picrochole est le nom que le grand écrivain, dans son *Gargantua*, a donné à un roi assez stupide pour faire une guerre absurde perdue d'avance à Grandgousier, on en sait assez pour qualifier de picrocholin un conflit ridicule basé sur des motifs obscurs ou insignifiants.

De nombreuses situations imposent l'usage de ce mot.

Pour séparer des enfants qui se disputent pour savoir qui va ouvrir le paquet de céréales en premier pour découvrir la carte à gratter qui y est cachée : « *Je ne veux pas de querelle picrocholine, pour ce bout de carte dont vous n'allez rien faire.* »

Pour se moquer de ces politiques qui relèvent le moindre faux-pas d'un adversaire pour se faire valoir : « *Le conflit picrocholin qu'entretiennent ces deux candidats ne risque pas de me donner envie de voter pour eux.* »

Pour se faire pardonner de ne pas assister à la prochaine réunion de copropriété : « *Ah, je n'y mets plus les pieds. La guerre picrocholine que se livrent la propriétaire du second et celui du troisième m'insupporte.* »

Pourpré

« *Mignonne, allons voir si la rose*
Qui ce matin avait déclose
Sa robe de pourpre au soleil,
A point perdu cette vesprée,
Les plis de sa robe pourprée,
Et son teint au vôtre pareil. »

Je sais, cette ode a plus de quatre cent cinquante ans, pour être exact quatre cent soixante-treize, puisque Ronsard l'a composée en 1545. Est-ce une raison pour oublier le bel adjectif pourpré ?

N'est-ce pas plus joli de parler des joues pourprées de cette enfant timide, du visage pourpré de cet homme ému, du tissu pourpré de ce nouveau canapé que de les qualifier de rouges ou rougies ou rouge tirant sur le violet ?

Vous pouvez préférer son synonyme purpurin, lui aussi dérivé de pourpre, mais je ne vous suivrai pas. Si des lèvres purpurines peuvent à la rigueur faire rêver certains, en ce qui me concerne, un visage purpurin ne m'inspire guère.

Quiet

Ce mot emprunté au latin *quietus* (en repos, tranquille) me manquerait vraiment s'il n'existait plus. Paisible, calme, tranquille ne peuvent pas vraiment le remplacer.
J'essaie, mais jugez-en. Si je vous propose de venir passer un week-end dans mon Ardèche paisible, calme et tranquille, je ne vous aurais pas fait passer le message essentiel à savoir que ce beau coin de France peut vous apporter ce dont tout citadin stressé rêve : le repos. Dans paisible, je ne vous l'apprends pas, il y a paix, mais ce n'est pas parce qu'on est en paix qu'on se repose. Calme est le contraire d'agité, mais on peut être immobile et quand même tendu. Tranquille qualifie un endroit sans agitation et sans bruit, mais il n'y a pas que le bruit qui empêche de se détendre. Si je formule ma proposition en vous disant qu'un endroit quiet vous attend et que ces deux jours passés dans ma belle campagne vont vous rendre quiet, je suis convaincu que le sens de ce mot vous parlera davantage que ses synonymes qui n'en sont pas vraiment et que vous vous précipiterez à la gare de Lyon.

quiet

Quintessencié

Qui ne recherche pas le meilleur en toute chose, le plus pur, l'essentiel, je veux dire la quintessence, donc ? Alors quand on est parvenu à la quintessence dans la réalisation de quelque chose, on ne pourrait plus qualifier la chose en question de quintessenciée ?

Je ne vous dis pas que vous pouvez vous exclamer : « *Je ne me lasse pas de tes sauces quintessenciées* », sans risquer de passer pour un flagorneur maladroit.

En revanche, dire à un auteur en mal de reconnaissance que vous avez trouvé son dernier ouvrage « *tout ce qu'il y a de quintessencié* » ne peut que lui faire plaisir et vous attirer ses bonnes grâces. Vous voulez d'autres exemples ?

« *J'aime cette façon quintessenciée qu'elle a d'arranger ses bouquets.* »

“

J'adore son raffinement, tout ce qu'elle fait ou dit est tellement quintessencié.

”

Quinteux

On a qualifié de quinteux quelqu'un qui était sujet à des quintes de toux, mais ce sens est sorti de l'usage, de la même façon qu'on ne dit plus d'un cheval rétif qu'il est quinteux.

Non, le quinteux dont je vous parle ici est un adjectif dérivé d'un des sens du nom quinte qui en a de nombreux : en musique, c'est le cinquième degré de la gamme ; dans les jeux de cartes, une suite de cinq cartes ; en escrime, la cinquième position de parade ; en médecine, un accès de toux, et enfin, un caprice, un brusque accès de mauvaise humeur. C'est ce dernier qui m'intéresse, bien sûr.

Alors que l'on connaît l'origine des autres sens de quinte, on ignore celle qui nous a donné cet adjectif désignant une personne d'humeur fantasque, sujette à des accès de mauvaise humeur, qui se fâche facilement. Evidemment, vous pouvez dire : « *Je ne le vois plus, il est vraiment trop soupe au lait.* » Mais l'image évoquée par cette expression me paraît un peu trop gentille pour décrire quelqu'un qui se met en colère pour un rien, ce que je déteste. Je veux pouvoir m'exclamer :

> “ *Moi, ce quinteux, je ne veux plus le voir.* ”

Recru

Recru n'étant pas le contraire de recuit ne concerne pas quelque chose qui serait trop cru et même plus. Non, recru est le participe passé du verbe de l'ancien français recroire, qui a d'abord signifié renoncer ou s'avouer vaincu avant de désigner le fait de se fatiguer jusqu'à l'épuisement. Au XIIe siècle, le verbe s'est appliqué aux chevaux avant de l'être aux hommes.

C'est ainsi que si vous vous sentez fourbu, harassé, éreinté, vous pouvez vous exclamer : « *Je suis recru !* »

La locution « recru de fatigue » est apparue beaucoup plus tard, au XVIIIe siècle pour être précis, mais, pour ma part, je lui trouve un petit côté pléonasmique.

En revanche, cet adjectif a fini par être utilisé avec d'autres compléments qui lui donnent alors le sens de débordant, submergé. Ainsi, on peut dire : « *Il est recru de désespoir* » ou comme Duhamel : « *Le monde est recru de souffrance* », c'est sans doute pour cela que l'on se croit obligé aujourd'hui d'ajouter ce « *de fatigue* » qui me dérange. Donc, je persiste et signe :

« *J'ai roulé toute la journée, je suis cuit !*

– Moi aussi, je suis en route depuis l'aube, mais, je préfère dire que je suis recru ! »

Subreptice

On peut faire les choses ostensiblement ou subrepticement, c'est-à-dire en pleine lumière, ouvertement ou de façon cachée, furtive, dissimulée, ce qui est évidemment beaucoup moins honorable.
Mais, alors qu'ostensiblement est dérivé du verbe latin *ostendere* (montrer), subrepticement vient d'un verbe latin *subrepere* qui signifiait : se glisser sous, ce qui nous montre bien l'aspect sournois de la démarche.
L'adjectif reste utilisé dans le vocabulaire juridique, mais se fait de plus en plus rare dans notre langage courant.
On se demande bien pourquoi. Comme si la dissimulation avait déserté les relations humaines.
« Je ne me suis pas laissé abuser par ses manœuvres subreptices. »

“

Il l'a fait à mon insu, de cette façon subreptice dont il est coutumier.

”

Sybaritique

Les habitants d'une colonie grecque du sud de l'Italie (Subaris) avaient la réputation de mener une vie de luxe sans se fatiguer. Leur nom, *Sybarita* en latin, puis Sybarite en français du XVIe siècle, est donc devenu synonyme de personne qui recherchant les plaisirs de la vie et le luxe.

L'adjectif sybaritique s'est ensuite appliqué à tout ce qui est propre aux sybarites. Le luxe, le raffinement, mais associés à une certaine forme de mollesse ; cette idée de mollesse disparaissant peu à peu, il ne reste plus que la notion de luxe et même de grand luxe.

L'opulence et le faste n'ayant pas déserté certaines strates de notre civilisation, on voit mal pourquoi ce mot devrait tomber en désuétude.

« Ne trouvez-vous pas la décoration des propriétés d'un certain président américain un peu sybaritique ? »

« Le train de vie sybaritique de certains milliardaires soulève à juste titre l'indignation de nombreuses personnes. »

Valétudinaire

A l'origine, le mot latin *valetudo* signifie bonne santé, puis, les mystères de la langue étant ce qu'ils sont, le mot désigne l'état de santé mauvais ou bon, et désigne très vite un mauvais état de santé. Le dérivé *valetudinarius* sert alors à qualifier une personne souvent malade.
Je ne sais pas ce qu'il en est pour vous, mais personnellement, je trouve que ce joli mot consolerait presque d'avoir une santé précaire.
Il a plusieurs synonymes. Mais aucun ne me semble adéquat. Maladif et souffreteux sont vraiment trop explicites, voire déprimants. Egrotant, issu du latin classique *egrotans* (malade), a quasiment disparu de notre vocabulaire, et je ne peux que me réjouir de la disparition d'un mot dont la sonorité ne fait pas vraiment envie.
Non, croyez moi, il faut réhabiliter valétudinaire.
« Il est valétudinaire, certes, mais cela ne l'empêche pas d'être très sympathique. »

“

Plus valétudinaire que jamais,
mais elle garde un moral d'enfer !

”

abhorrer . affrioler

caparaçonner . clabauder .

débagouler . débagouler

discorder . endêver . grivel

italianiser . muser .

potiner . procrastiner .

suborner . tintinnabuler .

affrioler . bisquer . capa

clabauder . contrister . d

débagouler . écornifle

endêver . griveler . honnir .

muser . parangonner . po

procrastiner . rognonner . s

tintinnabuler . abhorre

bisquer . caparaçonner

contrister . débagouler .

écornifler . discorder . endêv

honnir . italianiser . muser .

potiner . procrastiner . r

suborner . tintinnabul

Chapitre 3

Les verbes et adverbes

Abhorrer

Nous sommes ainsi faits qu'il existe un nombre incroyable de façons de dire que nous n'aimons pas quelqu'un ou quelque chose : détester, avoir en horreur, avoir de l'aversion, abominer, haïr, exécrer, abhorrer... Mais curieusement, certaines sont très employées tandis que d'autres se font de plus en plus rares.

C'est vrai que détester, par exemple, est tellement passe-partout qu'on peut l'utiliser à toutes les sauces : « *Je déteste les brocolis, l'hypocrisie, faire la vaisselle, mon voisin du dessus...* », alors que s'exclamer « *J'abhorre la sauce tomate* » paraît plus incongru.

J'explique la disparition annoncée d'abhorrer par sa proximité euphonique avec adorer et par son orthographe un peu sophistiquée qui peut intimider. Ce n'est pas une raison pour ne pas s'autoriser à préciser que l'on abhorre le style de ce musicien, la campagne en hiver... que sais- je ?

Exécrer me semble plus difficile à défendre, car le risque de mal l'orthographier ou de le prononcer de manière fautive n'est pas complètement nul. Jai déjà entendu ou même lu « excécrer », pas vous ?

Quant à abominer, je ne sais pas trop pourquoi, je m'en passe facilement.

En résumé, j'abhorrerais abandonner détester, bien sûr, et haïr (« *Je hais les dimanches* »), mais je ne regrette ni exécrer ni abominer.

Affrioler

Je suis désolé, je ne suis pas affriolé du tout par ce que tu me proposes.
Qu'est-ce que tu veux dire ?
Je veux dire que ce projet n'a rien d'affriolant.
Je comprends mieux.

Cet échange n'est-il pas étrange ? Mon interlocuteur a fini par comprendre que ce qu'il me proposait ne me séduisait pas du tout lorsque je me suis servi de l'adjectif alors que le verbe affrioler a, bien sûr, le même sens. Pourquoi ?
C'est que ce verbe, de façon tout à fait incompréhensible, se fait de plus en plus rare, il est même qualifié d'archaïque par certains spécialistes.
De l'ancien verbe frioler (frire, griller d'envie), ce verbe n'a aucune raison de disparaître. Il est vrai que son sens propre avait le sens plus précis de s'enflammer de désir, et plutôt d'un désir physique, mais son sens figuré, lui, qui sert à marquer que l'on est très attiré, séduit par quelque chose, peut être employé dans de multiples occasions.
« Je suis très affriolé à l'idée d'assister à ce concert demain soir. Pas toi ? »

Bisquer

Bisque, bisque, rage !

Ne me dites pas que vous n'avez jamais eu envie de reprendre cette expression de votre enfance. Moi, en tout cas, cela peut m'arriver. Mais à vous aussi, j'en suis sûr. Je ne peux pas être le seul à avoir déjà rencontré quelqu'un qui ne cesse de se vanter de ses bonnes fortunes, de sa réussite, enfin, qui passe son temps à se faire valoir. Eh bien, en présence de ce genre de personnage, s'il vous arrive quelque chose d'heureux, quelque chose dont vous sentez qu'il va être jaloux, n'est-il pas légitime d'avoir envie de le lui annoncer victorieusement et de ponctuer cette information d'un « *Bisque, bisque, rage !* » bien senti ?

Vous me comprenez, n'est-ce pas ? Je vous assure, cela fait vraiment plaisir, de temps en temps, de faire enrager un vaniteux insupportable, enfin, je veux dire de le faire bisquer. Même si ce verbe, dont l'origine reste obscure, était qualifié au XIXe siècle de « *point français* », de « *mot trivial* » ou encore de « *barbarisme* » et est considéré comme familier par nos dictionnaires contemporains.

Caparaçonner

Quand on équipe un cheval d'une armure ou d'un harnais d'ornement, on dit qu'on le caparaçonne. Mais pourquoi laisser aux seuls cavaliers l'emploi de ce verbe ? Ses sens figurés (se protéger, s'endurcir, s'attifer...) sont pourtant bien utiles. Vous ne me croyez pas, voici pourtant quelques exemples où rien ne remplacera le côté évocateur de ce mot :

« Elle a tellement peur du froid qu'elle se caparaçonne dès qu'elle met le nez dehors. »

« S'il n'avait pas fini par se caparaçonner contre les critiques, il y a belle lurette qu'il n'écrirait plus. »

« Si elle ne veut pas qu'on se moque d'elle, elle n'a qu'à pas arriver caparaçonnée de la sorte. »

Mais surtout, surtout, attention à ne pas vous tromper et à ne pas prononcer carapaçonner !

caparaçonn

Clabauder

On peut médire de quelqu'un, on peut aussi le calomnier et pourquoi ne pourrait-on plus clabauder contre quelqu'un ?
Dans les trois cas, vous vous en doutez, il s'agit de faire du tort à une personne, mais ces trois verbes ne sont pas interchangeables.
Alors que l'on calomnie quelqu'un lorsqu'on répand sur lui des choses fausses pour lui nuire, quand on médit, les propos que l'on rapporte ne sont pas nécessairement inventés, mais vont cependant porter tort à la personne concernée.
Clabauder est encore différent puisque s'il s'agit là aussi de répéter des éléments nuisibles à la réputation d'un individu, la façon de le faire est très particulière.
Cette particularité vient de l'origine du mot : clabaud désignait une espèce de chien aboyant fortement, puis une personne qui crie sans motif et qui est mal intentionnée.
Clabauder a ainsi pris le sens de criailler contre quelqu'un de manière malveillante.
Si j'ose dire, c'est une question de niveau sonore. Si vous susurrez des propos malveillants à l'oreille de quelqu'un, vous médisez, si vous le faites à haute et à intelligible voix, vous clabaudez.

Contrister

Ce que tu me dis me contriste considérablement.

Du latin classique *tristis* devenu *tristus* en bas latin, le mot triste a de nombreux dérivés : tristement, le plus ancien, tristesse, trister (apparu au XIIIe siècle, mais qui a disparu au XVIe), contrister et attrister.
Contrister emprunté au latin *constristare* (assombrir, rendre triste) a pris le sens fort d'affliger, de rendre profondément triste, tandis qu'attrister a remplacé le vieux verbe trister qui signifiait simplement rendre triste.
Cette petite explication étymologique pour mettre le doigt sur le fait que ces deux verbes ne sont pas strictement synonymes, la valeur du premier étant bien plus puissante que celle du second.
Il faut donc que nous prenions l'habitude d'employer ces deux verbes à bon escient : si quelque chose me rend un peu triste, je dirai qu'elle m'attriste, si elle me rend très triste, je dirai qu'elle me contriste.

Débagouler

J'ai longuement hésité pour savoir si j'allais vous parler de ce mot.

C'est qu'issu de l'ancien français bagouler (parler inconsidérément), ce verbe a signifié « vomir » pendant un certain temps dans le langage populaire.

Ce sens ayant totalement disparu au profit du sens original et ne désignant plus que le fait d'émettre une suite de paroles ininterrompue, il m'a semblé que je pouvais tenter de le remettre dans le circuit.

« Il n'a jamais rien d'intéressant à dire, mais cela ne l'empêche pas de venir débagouler sur tous les plateaux de télévision à longueur de temps. »

« Si seulement il cessait de débagouler pour en venir au fait, on l'écouterait peut-être. »

> *Bon, ça y est, tu as fini de débagouler ?*
> *Je peux donner mon avis maintenant ?*

Déparler

Des gens qui parlent à tort et à travers, vous en connaissez sûrement autant que moi, et vous ne pourriez pas leur dire :

« *Arrête, tu déparles, là !* »

Ce vieux verbe a d'abord signifié médire ou blâmer, puis cesser de parler, pour prendre le sens de parler inconsidérément, dans l'argot du XIXe siècle.

C'est peut-être ce côté argotique qui l'a fait peu à peu tomber dans l'oubli. Il reste cependant vivant aux Antilles et au Québec, alors pourquoi nous résigner à l'abandonner ?

Si vous ne craignez pas d'avoir l'air un peu prétentieux vous pouvez toujours dire à quelqu'un qui vient de proférer une série d'âneries :

« *Eh bien, dis donc, comme dirait Sophocle : "Parler beaucoup est une chose, parler à bon escient en est une autre."* »

Ou encore :

« *Si j'étais Shakespeare, je te dirais : "Il ne suffit pas de parler, il faut parler juste."* »

Mais je ne suis pas sûr de l'efficacité de telles remarques. Un « *Cesse de déparler !* » bien senti a certainement plus de chance de convaincre votre bavard impénitent.

Discorder

Si je vous dis discorde, vous me répondez pomme, bien sûr. Cette pomme jetée par la déesse grecque dans un Olympe où les chamailleries n'étaient pas inhabituelles.
Je ne m'explique pas pourquoi l'expression « pomme de discorde » reste présente dans nos conversations alors que le mot discorde et encore plus le verbe discorder les désertent de plus en plus.
Mésentente, dissension, conflit, différend, querelle, zizanie, désaccord... il ne manque pas de mots qui peuvent passer pour des synonymes de discorde, mais aucun n'a la même force.
De la même façon, pour désigner le fait d'être en profond désaccord avec quelqu'un, je ne vois aucun autre verbe aussi approprié que discorder.
« Ils discordaient tellement avec leurs voisins qu'ils ont fini par déménager. »
« J'ai essayé de les rabibocher, mais c'est impossible, ils discordent sur tout. »
« Tu devrais lui dire de se calmer. A force de toujours vouloir avoir raison, elle va finir par discorder avec tout le monde. »

Ecornifler

C'est un des sens du verbe écorner (amputer de ses cornes) qui a produit le verbe écornifler, par l'ajout d'un de ces deux verbes du moyen français nifler (renifler) ou rifler (piller), personne ne le sait exactement.

Ce qui est sûr, c'est qu'écornifler est entré dans la langue familière pour désigner le fait de se procurer quelque chose aux dépens d'autrui. Il a aussi pris le sens figuré de porter atteinte à quelque chose ou de l'endommager. Familier ou pas, je pense que ce verbe mérite qu'on l'utilise, ce qu'il désigne étant relativement répandu, vous ne trouvez pas ?

« Il n'a pas son pareil pour se faire inviter. Ecornifler un bon dîner le met en joie. »

« Tu n'as pas peur d'écornifler sa réputation en divulguant ses confidences ? »

Quant aux trois substantifs formés sur le verbe, écornifleur, écorniflerie et écorniflure, ils ont carrément disparu de nos dictionnaires, ce que je ne peux m'empêcher de regretter.

« Cet écornifleur a encore réussi à s'incruster au vernissage de mon exposition. »

« Son écorniflerie n'a pas de bornes. Il est parvenu à le circonvenir et à se faire prêter sa voiture. »

« Il t'a vraiment dit cela ? Mais c'est une écorniflure ! »

Endêver

Il y a des gens que vous prenez plaisir à faire enrager, mais vous n'osez pas le dire. Qu'à cela ne tienne. Remettez le verbe endêver au goût du jour.

Dérivé de l'ancien français desver, derver (devenir fou, enrager), endêver signifie rager. Faire enrager quelqu'un peut donc se dire « faire endêver » et je ne vois pas pourquoi l'on s'en priverait.

« Si tu continues à le faire endêver comme ça, il va finir par se fâcher. »

« Je ne dis pas ça pour te faire endêver, mais il faut quand même que tu saches... »

Et plutôt que de dire que quelque chose vous met en rage, n'hésitez plus, endêvez-vous :

« Je ne sais pas ce qui m'endêve le plus chez lui, sa façon de s'endêver pour un rien ou de ne pas s'endêver quand il y a une bonne raison ! »

endêver

Griveler

Les grives ont bon dos. Sous prétexte que ces petits oiseaux s'empiffrent de raisin dans les vignes, on a, au XIXe siècle, désigné par griveler le fait de consommer dans un hôtel ou un restaurant sans avoir les moyens ou l'intention de régler la note.

C'est un bien joli mot pour une action qui ne l'est pas vraiment, mais est-ce une raison pour ne plus l'employer ?

J'en fais une question de principe. La grivèlerie, substantif dérivé de griveler, étant toujours en usage, et particulièrement dans le vocabulaire juridique, je ne vois pas pourquoi griveler ne pourrait pas perdurer.

> « *Ce repas était délicieux, mais le montant astronomique de l'addition me donnerait presque envie de griveler.* »

Honnir

> *Honni soit qui mal y pense !*

Cette locution, dont on se sert pour faire honte à quelqu'un qui verrait du mal où il n'y en a pas, a une longue histoire (ou légende, on ne sait pas trop).
Lors d'un bal à la cour du roi d'Angleterre, la comtesse de Salisbury, maîtresse d'Edouard III, aurait fait tomber sa jarretière. Le roi la ramassa. Pour répondre aux plaisanteries douteuses de l'assistance, le roi s'exclama – à cette époque, on parlait français à la Cour – : « *Honni soit qui mal y pense !* » Il décida que ce petit ruban bleu deviendrait l'insigne d'un ordre prestigieux de la chevalerie britannique, l'ordre de la Jarretière, et prédit que tous les courtisans rêveraient de le porter. Ce qui est devenu le cas.
Mais cette histoire ne doit pas nous faire oublier le verbe honnir. Du francique *haunjan* (insulter, railler), le verbe a pris le sens de dénoncer, de vouer au mépris public et de couvrir de honte et nous ne devons pas nous priver de l'employer.
« Depuis qu'il a dit ceci, qu'il a fait cela... il est honni de tous et c'est bien fait pour lui ! »
« Je sais que je vais me faire honnir, mais ça ne va pas m'empêcher de dire ce que je pense ! »

Italianiser

Si je donne un caractère anglais ou allemand à quelque chose, je peux l'angliciser ou le germaniser. En revanche, s'il s'agit de l'italien, le verbe « italianiser » étant qualifié de vieilli, je risque de ne plus pouvoir l'employer. Et pourtant, je ne veux pas me priver de :

– complimenter une cuisinière inventive : « *Ta quiche lorraine à la mozzarella est un délice ! Tu as le chic pour italianiser ta cuisine.* »

– m'agacer de la propension des offices de tourisme de Montargis, Martigues, Crécy-la-Chapelle (et de dizaines d'autres) à italianiser leurs villes en Venise du Gâtinais, Venise provençale, Venise de la Brie... sans parler des Venise du Nord que sont Amsterdam, Bruges, Wroclaw...

– me moquer de cet ami qui ne mange plus que des pâtes et des pizzas, ne vous salue plus qu'en disant tchao et parle avec les mains depuis qu'il passe toutes ses vacances sur la côte amalfitaine : « *Toi, mon vieux, tu t'italianises de plus en plus !* »

Et je ne parle pas des voyagistes qui ne pourraient plus italianiser votre prochain voyage en Europe en vous proposant Rome ou Florence, ou des décorateurs qui s'interdiraient d'italianiser votre intérieur avec un canapé Poltrona...

Muser

Il m'a fallu choisir entre différentes hypothèses étymologiques, dont aucune n'est complètement avérée. J'ai donc retenu celle qui me plaît le plus et qui fait de muser le dérivé verbal de l'ancien français mus (museau) signifiant au sens propre « rester le museau en l'air ».

Il ne vous échappera pas que dans cette position, on n'accomplit pas grand-chose. Il n'est donc pas étonnant que cette activité qui consiste à ne rien faire ait acquis un sens figuré dont l'aspect moralisateur est bien présent. Quelqu'un qui muse est ainsi devenu quelqu'un qui perd son temps à des choses sans importance.

La vie des mots étant ce qu'elle est, pour dire exactement la même chose, le verbe musarder est apparu au XIXe siècle, on ne sait trop comment ni pourquoi. Mais il s'est mis à faire de l'ombre à notre muser et l'a peu à peu remplacé.

Je n'y verrais aucun inconvénient si le verbe n'avait donné naissance à un nom que je trouve assez laid : musardeur, alors que le nom dérivé de muser est musard, beaucoup plus léger.

« *Tu sais que je suis parfois bien musard, alors s'il te plaît, ne me dérange pas demain matin. J'ai l'intention de muser une bonne partie de la journée. Et pas question de me traiter de musardeur !* »

Parangoner

Le nom grec *akone* (pierre à aiguiser), après bien des aventures – il est passé par l'italien et l'espagnol –, a fini par nous donner le terme parangon signifiant modèle, type accompli et un verbe, parangonner, pour dire comparer.

Le nom est resté, mais s'est quasiment figé dans l'expression « parangon de vertu » que je n'hésite pas à qualifier de cliché. Je vous assure, plus personne ne se sert de ce mot sans lui adjoindre la vertu. A part Michel Serres, dont je vous livre cette citation :

« Et je trouve que la pauvreté est une vertu, et que la richesse à ce point est une sorte de parangon de tous les vices... »

Il faut l'imiter et se servir de ce mot plus fréquemment :

« Je le considère comme le parangon de la paresse, de la bêtise, de l'humour, de la bienveillance... »

On peut, en effet, parangonner une multitude de personnes ou de choses :

« Parangonne-toi à un grand écrivain et tu verras que ta page restera moins blanche ! »

« Sans le parangonner à Mozart, je peux quand même dire que c'est un grand musicien. »

Potiner

Au XVIIe siècle, en Normandie, les femmes se réunissaient pour bavarder. L'hiver, elles apportaient des chaufferettes appelées alors des potines. C'est de cette habitude que serait né le verbe potiner pour désigner le fait de « se réunir autour des potines pour bavarder ». On a oublié les potines et les Normandes, et on a employé potiner pour dire « raconter des commérages ». Cette étymologie est contestée mais elle est trop belle pour que je résiste à l'envie de vous la raconter. Et pour vous donner, à vous, l'envie de l'utiliser. Il ne manque pas d'occasion, de le faire.

« Venez donc passer le week-end à la campagne, on aura enfin le temps de potiner. »

> *Vous appelez ça un débat ? Moi, je trouve qu'au lieu d'échanger des idées, ils passent leur temps à répéter tous les commérages qu'ils ont entendus sur les uns ou sur les autres. Ils ne font que potiner, non ?*

Par ailleurs, je trouve potiner beaucoup plus joli que son synonyme cancaner que l'on entend plus souvent.

Procrastiner

Ou pour le dire autrement, remettre au lendemain ce qu'on peut faire le jour même. Du latin *procrastinare* (remettre une affaire au lendemain), le mot procrastination qui était neutre jusqu'au XIXe siècle a pris, on ignore pourquoi, un sens ironique. Peut-être parce que cela semblait un mot un peu compliqué et rare pour un comportement qui l'est si peu. Le verbe procrastiner, dérivé du nom, a subi le même sort et a fini par disparaître peu à peu de notre vocabulaire, et c'est vraiment dommage.

« Si tu n'avais pas autant procrastiné, il y aurait moins de mauvaises herbes dans le potager. »

« A force de procrastiner, j'ai rendu mon manuscrit trop tard et mon éditeur a rompu mon contrat. »

« Remarque, j'ai bien fait de procrastiner, elle a fini par aller chercher le colis à la poste à ma place. »

« S'il n'avait pas tellement procrastiné avant de se mettre à réviser son bac, je suis sûre qu'il aurait eu la mention très bien. »

Rognonner

Les spécialistes nous le disent, le radical onomatopéique ron – qui servait à exprimer le grognement et qui a donné des mots comme gronder, grommeler, grogner et, bien sûr, rognonner –, était très répandu en gallo-roman. De là à en déduire que nos ancêtres étaient aussi râleurs que nous le sommes, il n'y a qu'un pas que je franchis volontiers. Je me sens d'ailleurs soutenu par le général de Gaulle. N'a-t-il pas dit en 1961 :

« Il en résulte que chaque remous met en action les équipes diverses de la hargne, de la rogne et de la grogne. »

Mais revenons à notre rognonner. Ce verbe avait le sens très précis de « ronchonner entre ses dents » qu'il a gardé puisqu'il décrit toujours le fait de manifester son mécontentement en bougonnant, en grommelant.

C'est évidemment une façon bien utile de marquer que l'on n'est pas d'accord, mais qu'on n'a pas forcément envie de l'exprimer violemment. Oui, dans certaines circonstances, rognonner est bien pratique.

« Il a trouvé la solution. Quand sa belle-mère vient passer le week-end, il ne s'énerve pas, il la laisse parler et se contente de rognonner dans son coin. »

ognonner

Suborner

Du latin *subornare* (arranger en secret, préparer en secret quelqu'un pour une mauvaise action), suborner a d'abord pris le sens de détourner quelqu'un de son devoir ou du droit chemin. C'est au XVIe siècle qu'il s'est employé pour signifier « séduire une jeune fille ou une femme ».

C'est d'ailleurs dans ce sens que l'emploie Molière dans son *Tartuffe* :

« Et, dans le même temps, le perfide, l'infâme,
Tente le noir dessein de suborner ma femme... »

Mes dictionnaires me précisent que l'usage de suborner perdure dans le vocabulaire juridique où il désigne le fait d'inciter quelqu'un à produire un faux témoignage, mais qualifie de littéraire l'emploi de suborner dans le sens de séduire.

Mais cela ne va pas m'empêcher de m'emparer de ce verbe.

Je ne suis pas la femme d'Orgon, ni une jeune fille effarouchée, mais je vous assure qu'à l'écoute de certaines promesses de campagne, je n'ai pas envie de me retenir de m'exclamer : *« S'il croit que ses belles paroles vont parvenir à me suborner, il se trompe ! »*

Non plus qu'à la lecture de déclarations pseudo-philosophiques : *« Qui croit-il suborner avec ce discours prétentieux ? »*

Tintinnabuler

Le petit grelot de son chien tintinnabule joyeusement tous les matins sous mes fenêtres.

Le son de ce grelot est aussi plaisant que celui de ce verbe. Dérivé du latin *tintinnabulum* (espèce de crécelle en métal, grelot, clochette), le verbe tintinnabuler n'apparaît dans notre langue qu'au XIXe siècle. Ce qui est bien jeune pour un mot et ne justifie pas qu'on s'en serve si peu. Peut-être cette raréfaction vient-elle du fait que son emploi, qualifié de littéraire dès son origine, l'est resté, ce qui me rend perplexe. Personnellement, je le trouve plutôt joyeux : « *je tintinnabule, tu tintinnabules, il/elle tintinnabule, nous tintinnabulons...* » et je ne vois pas ce qui m'empêcherait de m'en servir.

« Je ne vais plus au concert avec elle, ses bracelets tintinnabulent au moindre de ses mouvements et ça me gêne terriblement. »

diantre ! fichtr
coton ! mazette ! p
bleu ! parbleu !
scrogneugneu ! dian
tre ! jarnicoton ! m
palsambleu ! parb
bleu ! scrogneugneu
tre ! fichtre ! j
coton ! mazette ! p
bleu ! parbleu ! m
scrogneugneu ! diantr
tre ! jarnicoton ! m
palsambleu ! parbleu
bleu ! scrogneugneu ! di
fichtre ! jarnicoton
zette ! palsambleu !
morbleu ! scrogneugneu
tre ! fichtre ! jarnicoton ! m
sambleu ! parbleu ! morbleu ! sc
gneu ! diantre ! fi

Chapitre 4

Les interjections

Diantre !

On peut dire que diantre est une déformation du mot diable destinée à en atténuer le sens ou, plus précisément, comme le font les spécialistes, qu'il s'agit d'une « *altération euphémique de diable* ». Cela revient au même, me direz-vous.

C'est au XVIe siècle qu'est apparue cette « *altération* » de diable sous la forme d'un substantif qui a rapidement disparu avant de reprendre du service sous la forme d'une interjection, d'une exclamation marquant l'admiration, l'imprécation, l'étonnement ou encore renforçant une affirmation.

Comme vous le voyez, son usage est multiple et donc fort utile. Et pour vous encourager à l'employer, quels meilleurs exemples que ces citations de Madame de Sévigné qui en usait abondamment :

« *Que le diantre vous emporte !* »

« *Quel diantre d'homme que ce prince d'Orange...* »

« *Vous avez passé ce diantre de Rhône, si fier, si orgueilleux, si turbulent...* »

« *Ma fille vous fait mille compliments et mille adieux ; elle s'en va au diantre en Provence.* »

Alors, diantre, n'hésitez plus !

Fichtre !

Ses origines sont plutôt triviales, puisque cette interjection est le résultat d'un croisement entre ficher et foutre, deux verbes dont vous n'ignorez sans doute pas le caractère populaire, voire grossier pour le second.

Mais enfin si l'on s'accorde à dire qu'il est parfaitement injuste de reprocher à quelqu'un les défauts de ses ascendants, il l'est tout autant de le faire à un mot, non ? D'autant que les synonymes que nous proposent nos dictionnaires sont peu convaincants.

Il y en a deux, « Bigre ! » ou « Foutre ! ». Je n'ai pas besoin de vous expliquer pourquoi j'élimine d'emblée le second. Quand au premier, son histoire est trop longue pour que je vous la conte ici, qu'il me suffise de vous préciser qu'il s'agit d'une altération euphémique * de « bougre » qualifié pudiquement d'injure sexuelle par les linguistes.

Alors, pas d'hésitation, pour marquer votre étonnement ou votre admiration, ne vous privez plus d'employer fichtre !

* *J'aurais pu dire : une façon d'atténuer le mot « bougre » ; mais vous me pardonnerez de me laisser parfois séduire par le langage des linguistes.*

Jarnicoton !

C'est à un prêtre jésuite que nous devons ce juron. Devenu le confesseur du roi Henri IV, l'abbé Pierre Coton aurait en effet reproché au monarque l'usage immodéré qu'il faisait du juron « *Jarnidieu !* » (Je renie Dieu !). L'auteur d'un ouvrage publié en 1829 sur les proverbes et adages français nous raconte toute l'histoire :

« *Son confesseur lui fit sentir toute l'indécence d'une pareille expression dans la bouche d'un souverain. Le roi, en s'excusant, lui dit qu'il n'y avait pas de nom qui lui fût plus familier que celui de Dieu, excepté peut-être celui de Coton. "Eh bien, Sire, répartit le père Coton, dites : je renie Coton"* » d'où est venu Jarnicoton.

Ce « *Jarnicoton !* » est souvent qualifié de juron burlesque, on se demande bien pourquoi. Moi, je lui trouve un air guilleret qui n'est pas fait pour me déplaire et je n'ai pas l'intention de l'oublier comme le recommande Brassens dans sa magnifique *Ronde des jurons* :

« *Tous les cristi, les ventre saint-gris*
Les par ma barbe et les nom d'une pipe
Ainsi, pardi, que les sapristi
Et les sacristi
Sans oublier les jarnicoton... »

Mazette !

On n'est pas trop sûr de l'origine de ce mot qui pourrait être un dérivé du normand mesette (mésange).
En revanche ce qui est attesté depuis le XVIIe siècle, c'est que mazette a désigné un mauvais petit cheval, puis quelqu'un de maladroit et de peureux avant de disparaître. Il n'est resté dans notre langue que sous la forme d'une exclamation d'étonnement, de surprise ou d'admiration.
Quand je dis est resté, je m'avance un peu car on l'entend de moins en moins, ce dont je me désole.
Faites comme moi, essayez de la proposer autour de vous à un certain nombre de gens qui usent et abusent d'une exclamation commençant par P que je ne vous citerai pas.
« Mazette, il a encore un nouveau portable ! »
« Mazette, t'as vu son nouveau tweet ? »
« J'y crois pas, mazette, c'est énorme ! »

> *Oh, mazette de mazette, qu'est-ce qu'il a pris !*

Palsambleu !

Au XIVe siècle, on s'exclamait en disant « *Par le sang de Dieu !* » Sous l'Ancien Régime, ce juron a été jugé blasphématoire et, pour continuer à l'utiliser, il a fallu lui trouver une forme atténuée. On l'a donc transformé en « *Palsambleu !* »

Au XVIIe siècle, il est arrivé la même chose à « *Mort de Dieu !* » devenu « *Morbleu !* » et à « *Par Dieu !* » remplacé par « *Parbleu !* »

Je ne vous dis pas que « *Palsambleu !* » et « *Morbleu !* » se glissent facilement dans une conversation, mais leur côté archaïque peut séduire dans certaines circonstances pour exprimer de la colère et de l'impatience que l'on n'a pas envie d'extérioriser vulgairement et comme tout le monde.

Quant à « *Parbleu !* », qui s'emploie pour marquer la constatation d'une évidence et l'assentiment, je ne vois aucune raison de s'en priver.

Je ne trouverai pas de meilleur exemple que celui de notre cher La Fontaine dans *Le Meunier, son Fils et l'Ane* :

« Parbleu, dit le Meunier, est bien fou du cerveau
Qui prétend contenter tout le monde et son père. »

Scrogneugneu !

Gustave Frison, cet affichiste français dont on sait qu'il est né à Valenciennes en 1850, mais dont on ignore la date de mort, serait sans doute oublié s'il n'avait composé un petit ouvrage devenu célèbre et très recherché des bibliophiles : *Les Aventures du colonel Ronchonot*. Mais surtout s'il n'avait pas mis dans la bouche de son personnage, un vieux militaire grincheux, un juron qu'il inventa pour remplacer « *sacré nom de Dieu* », ce fameux scrogneugneu.

Peu se souviennent donc de Frison, mais son scrogneugneu a perduré, comme juron, bien sûr, mais aussi comme synonyme de vieillard grincheux. Il faut dire que le mot est très évocateur, et je me suis laissé dire que certain politique avait envie de le remettre au goût du jour et cela n'est pas pour me déplaire.

Mais comme juron, je le trouve aussi intéressant. Il me semble que sa sonorité rageuse permet d'exprimer l'agacement, voire l'énervement de façon très efficace.

Essayez :

« Scrogneugneu, je vais bien réussir à dévisser ce truc... »

« Mais où sont passées mes clefs, scrogneugneu, ça fait une heure que je les cherche, scrogneugneu de scrogneugneu ! »

Essayez, je vous assure, ça soulage.

scrogneugneu !

chapitre un
chapitre deux . les adj
chapitre trois . le
chapitre quatre . les interj
chapitre un . les n
chapitre deux .
chapitre trois . les v
chapitre quatre . les i
chapitre un
chapitre deux . les a
chapitre trois . le
chapitre quatre . les interj
chapitre un . les n
chapitre deux . les
chapitre trois . les v
chapitre quatre . les interj
chapitre un
chapitre deux . les a
chapitre trois . le
chapitre quatre . les interj

Le sommaire

Chapitre 1
Les noms

Chapitre 2
Les adjectifs

Chapitre 3
Les verbes

Chapitre 4
Les interjections

déjà parus

Déjà parus dans la collection

Mots & Caetera

- *Le Fabuleux Destin des noms propres devenus communs,*
Jean Maillet, novembre 2016.

- *Petit traité singulier des pléonasmes insoupçonnés,*
Jean-Loup Chiflet, mars 2017.

- *Les Nuances de la langue française ou l'art de choisir le mot juste,*
Jean-Loup Chiflet, mai 2017.

- *Petit(s) point(s) sur la ponctuation,*
Julien Rault, septembre 2017.

- *Balade littéraire parmi les figures de style,*
Jean-Loup Chiflet, décembre 2017.

l'auteur

L'auteur

Jean-Loup Chiflet est éditeur et écrivain. Il est l'auteur d'une soixantaine d'ouvrages et a su faire des subtilités et de la richesse du français un terrain de jeu. Les nuances, les expressions, l'ordonnancement des mots sont pour lui l'occasion d'un amusement perpétuel que seul un amoureux de la langue française peut s'autoriser !

Parmi ses principaux succès :
Sky my husband ! Ciel mon mari ! (Points),
Oxymore mon amour ! (Points),
Dictionnaire amoureux de l'humour (Plon),
Dictionnaire amoureux de la langue française (Plon),
Le Bouquin de l'humour (Laffont, coll. « Bouquins »).

Dernièrement dans la collection « Mots & Cætera » avec *Le Figaro littéraire* :
Petit traité singulier des pléonasmes insoupçonnés, Les nuances de la langue française.
Et dans la collection « Les 100 » avec *Le Figaro* :
100 expressions savoureuses à partager entre petits & grands.